Knowledge BASE 系列

一冊通曉 揭露意識建構、解讀真實自我

圖解 佛洛伊德與精神分析

林逸鑫 著　陳俊志 審訂

在痛苦中看到
真愛在無意識裡的努力

文◎陳俊志（彰化基督教醫院精神科主治醫師）

日常生活中的精神分析

　　一位三十歲女性獨自在家照顧她一歲半的男孩，被搞得筋疲力竭之後，她只好打電話給孩子的父親，然而她是他的外遇，電話中除了第一句「愛人你好」是問候語，第二句問美金的匯率之外，其他的都是在抱怨孩子的調皮，最後她將孩子弄得嚎啕大哭，孩子的父親受不了那尖銳的哭聲，只好將電話掛掉。接下來的第一天雙方互不通話或說話，只有女方給男方的簡訊：「你怎麼可以因為孩子哭就掛電話，這是什麼態度，不要我們就直說」，男方在第二天回簡訊：「我知道妳帶孩子很辛苦，妳帶得很好，可是也不要用哭聲轟炸我的耳朵」。第三天，男性帶著一些禮物去探望母子，並給她一些資助，他們終於破涕為笑，合好如初。

　　這是生活中可見的情緒轉變情節，發生了什麼事呢？上述中的男性成功地用金錢哄騙女性？女性成功地傳達她缺錢的痛苦和帶孩子的無奈？孩子成功地扮演撮合父母親的角色？

　　就筆者粗淺的精神分析能力來看，很明顯，這位有外遇的男性成功地聽懂了那位女性的話中含意，除了缺錢之外，因為過去常批評她寵孩子，女性也在此將孩子弄哭，傳達她「沒有寵壞孩子」的委屈，另外弄得孩子在電話哭，這也讓男性有感同身受的痛苦，可以更深地體會女性獨自帶孩子的苦難，順便也告訴這位男性：我這麼苦，你拿錢來是應該的。而這位男性後續的簡訊安撫以及資助，完全同理了女性的哀愁，成功地挽回一段關係。

　　至於那位女性，則無意識地使用令人讚嘆的繁複招數，傳達出求助的訊息，又不必直接開口求助，看似高明，可是關鍵卻擺在男性身上，如果男性聽不懂或不想懂，那麼結果就不同了，所以那位女性的「人格結構」很可能是依賴他人的、脆弱的。

　　同理生命中重要的人，可以增進親密關係，減少沒有必要的遺憾；

聽懂他們的話，是生活幸福的一大關鍵，所以世界衛生組織（WHO）在二十一世紀，將「關係的健全狀態」列為健康的定義之一。要能聽懂別人的話，就非得有精神分析的功力不可，精神分析的功力，每個人身上都有，常見的狀況卻是疏於運用。

上面例子中的女主角，雖然她依賴、脆弱，但是卻展露出鋪排劇情的大師功力，就這個觀點看，或許我們可以將自己的內在靈性都看成是一個大師，祂經常傳達著我們內在的狀況供我們參考，只是要如何適當翻譯祂的話，精神分析可能是至今最可行的一條路。

臨床實務中的精神分析

一位二十歲的年輕女大學生，因為自己的憂鬱症被民俗療法醫好了，感到恐懼莫名而求醫，希望弄清楚這是怎麼回事。她紅著眼眶進入診間、微笑地打招呼、告訴我有關她憂鬱及後續的一切，所有的言行都帶著優雅和有禮，對自身的困擾描述精確，儘管衣著妝飾相當平凡，掩不住她是一位教養得宜的大女孩，不過身形相當瘦削，約莫只有四十公斤。

「聽來妳的情緒被民俗療法醫好了，卻也被它攪亂了，關於民俗療法，妳會想到什麼呢？」「我想到神祕、可怕、黑暗、欺騙，就像外婆開的神壇一樣，尤其是黑暗、欺騙，我很受不了家人都信這一套，……可是我怎麼說都沒有用，畢竟我很嚴重的憂鬱被它治好了！這樣一來，我要不要幫外婆做見證？不屑的東西怎麼說它好？可是我明明好了，又不能違背良心，不幫外婆說話也是說謊，我真的不知該怎麼辦？」女孩很認真地說著，又流下淚來。

再試著理解女孩更多，她是一位律己甚嚴的道德論者，雖然她更反對只將道德掛在嘴上的貴族名流，她排行老二，家裡經濟不好，大姊和小妹都相繼投入就業市場而未升學，父親因病長期臥床，母親則在外婆家中神壇幫忙、學習。

「老人家糊塗也就算了，年輕人也跟著一起騙錢，我媽媽真是窮糊塗了，以前還告訴我們要有骨氣，……我現在回家都不吃東西，想到那是

不義之財，胃口就全跑掉了，有時候甚至連水也不喝」「那妳餓了怎麼辦？」

「不會餓啊，為何這樣問？」「像過年、暑假這麼長的假期怎麼吃？」

「我會到外面吃，用自己打工賺的錢，那種感覺就像兩個陣營在對仗，我吃我的，她們吃她們的，看誰撐得久。」她流露出微笑。

「那妳怎會願意接受民俗療法？」「我是被逼的，因為我沒錢吃東西，沒力氣反抗，只好看看她們有多大能耐，……想不到一試就完了，我一喝符水就好了，人就整個輕鬆了，唉……」

「是妳喝符水的嗎？妳一定沒想過符水是給妳的神喝的，在妳裡面的神。」

沉默了一下，她說道：「前幾天，我想到身體裡好像有兩個神，一個是喝符水的，一個是看書的……昨晚我也夢見前幾天看到的進香團，一個是矮黑而和氣的七爺，一位是瘦長白皙而嚴肅的八爺。」

「因為七爺的符水進入妳體內，給八爺喝了，所以妳的憂鬱症才會好。」看女孩沉默了一下若有所悟，我把握機會再鼓勵她進行心理治療。

進行心理治療後發現，這位女孩有強大的超我（心中代表道德理想的部分），不斷威脅著自我要達成想像中別人的要求，因此外婆的符水有著多重意義：實質和象徵地為疲累的自我止渴、赦免罪惡感、放下超我對自我的堅持、放下自我對超我的職責、流貫統合她內在對外在的忽略、喚醒無意識中自尊的源頭……等等，這些精神分析的成果幫助她走向更有收穫的人生，話說回來，如果當初門診沒有藉著精神分析術看出並提醒她符水的意義，她不會進入下個治療階段。

對這位女孩而言，符水是治癒憂鬱症的媒介，但真正發揮療效的其實不是符水，而是來自於自己的心理作用，透過精神分析的抽絲剝繭，找出女孩心理的糾結。

在心理治療的過程中，精神分析就好比這帖看似玄妙的符水，並不是真的一試就見效，而是能深入給予心理困惑者更多關鍵性的提示，協助思索其中的脈絡，進而看清楚自身的問題。如果我們要成為更有能力的心理

助人者，精神分析這帖符水，可能勢必要嚐一嚐。

結語——照亮黑暗的燭火

　　精神分析從佛洛伊德開創以來，從治療精神疾病進展到探討人的諸多心理運作，過程中雖然滿布著科學化的軌跡，但它的源頭是神話、是文學。這領域不像一般科學工作的單調重複，而是充滿著許多無法生硬套用的個人化象徵意義，舉例來說，「精神（psyche）」一詞的始祖——賽姬（Psyche），是位美麗的公主，卻只能隨著命定嫁給一個有翅膀的怪物，雖然怪物對賽姬很好，但是她仍無法相信這是真愛，也不知道怪物的真正身分是愛神。受到家人煽動的她，決定不顧怪物的警告和約定，在半夜拿燭火偷看他，這時賽姬看到了愛神俊美的臉龐，然而蠟燭的淚在她驚惶欣喜之際燙傷愛神的翅膀，讓愛神因賽姬的不信任拂翼而去，自此時起賽姬（音同〔心靈〕）才真正開始面臨著愛的後續考驗。

　　賽姬的故事結局是圓滿的，不過它的開端在於燭淚打破原有的美滿，對照到我們的心靈來看，人由嬰兒期的完全依賴要進展到成人的完全獨立，不也正像打破原來的美滿假象（有安穩的依賴），進而接受種種考驗，才能讓心靈在信任之中得到真愛（滿足的關係）。賽姬告訴我們，每個人都有燙傷愛翼的燭淚，燭淚的傷害，往往是真愛的開端，透過精神分析可以在痛苦中看到：真愛在無意識裡的努力。

　　要提筆寫下精神分析著作的導讀，真是一件充滿羞愧感的工作，除了能力有限之外，還是能力有限，不過看到作者以及編者的驚人毅力和縱橫才氣，讓久疏筆耕的我，只得硬著頭皮且於有榮焉地一起完成。本書讀來簡明有趣，顯示作者有駕馭文字和繁複概念的天賦，加上多幅精心製作的圖解，更令人感到親切生動，很適合對精神分析有興趣的學生及各界人士做為入門書或工具書。末了，**蠟燭有心還惜別，替人垂淚到天明**。蠟燭，是我認為心理助人者蠻貼切的象徵圖像，更是精神分析書籍的象徵，像是「照亮黑暗」這層意義，祈願這本書對它的讀者都能產生這層意義。

陳俊志

精神分析的自我體驗與科學驗證

文◎張本聖（東吳大學心理學系副教授）

從陌生到親近的精神分析探索之路

　　大學讀心理系時，幾乎每一門與心理學有關的學科都會提到精神分析與該科的關係，但我心裡總存有這樣的疑問：「『無意識』在哪裡？防衛機轉在哪裡？每個人在小時候都需經歷口腔期、肛門期等性發展時期嗎？在這些時期出了問題就真的會得到精神疾病嗎？有什麼證據可以支持這些論點？」當時覺得精神分析的名詞及理念的了解都只是為了應付考試而不得不讀，自己完全無法接受這些謬論。因為這些學科都是以幾個章節就將精神分析與發展、人格、社會與該科的關係交代完畢，我完全無法從中感受到精神分析的外來語詞與我的生命或世界有何關聯性。

　　直到一九七九年在台北榮總當臨床心理師時，心理治療是我的主要業務之一，接受督導是臨床心理師訓練的一部分，以便心理師可以提供患者更高品質的心理治療。因此，我有將近一年的時間是由梅寧傑醫學中心退休返台的程玉𡒄教授督導，該中心的精神分析訓練世界馳名，程教授更是位學養、醫療及人生歷練都相當豐富的醫師。每次督導時間都是由我先報告自己在該星期治療某位病患的會談內容，程教授再精準地抓住幾個患者的重要議題，而後要我盡可能地思考及假設可能的意義；當我絞盡腦汁說出一些觀點後，程教授再說出他的想法。每次的督導中我都覺得收穫滿滿，但是也心力交瘁到胃痛；程教授像個慈祥的老爸，而自己好似個渺小的笨小孩。

　　直到有一天，也是我和程教授固定的每週督導時間，在督導前半小時我還興致勃勃地和同事聊到上次督導的經驗，但當我接到程教授的電話，問我為何遲了半小時還沒到他辦公室時，我腦中竟然想不起來我要去他辦

公室做什麼？

　　之後，我放下電話趕到程教授的辦公室途中，腦中不由自主地冒出：「有病患突然來找我」、「主任找我有急事」、「家裡有狀況」等一堆理由；幸而在推開程教授的門前，我才意識到剛剛心理所想的一堆理由其實是自己的防衛機轉在運作，以逃避面對被督導時的壓力。進到房間與程教授面對面時，我很誠實地說：「對不起！程教授，我不知道我為何會忘了。」程教授回答：「我從來沒有打電話給遲到的『被督導者』，我也不知道我為何會打給你。」我還記得程教授用一隻手不斷開開關關我對面桌上的抽屜，似乎顯得不安的樣子。

　　這是第一次我深深體會到，我對程教授的認同焦慮也那麼自然地出現，以及無意識的合理化防衛機轉那麼自然地就跳出來減輕我的焦慮及罪惡感。程教授擔心會失去我這個被督導者的焦慮也讓我好感動，一種被疼惜的感覺由心中發出，覺得和這位心目中理想慈父的關係一下子變得好近。此後，接受程教授的督導仍是豐富又絞盡腦汁的學習，但是我再也沒有無意識地忘掉督導時間。有了諸如上述的體驗，我才真正地能體會精神分析理論與我的生活是那麼地貼近。

融入精神分析概念的科學研究

　　往後接受心理學碩士訓練，在密西根州立大學看到Karon、Rabin等教授很自然地在心理衡鑑及治療的過程中將精神分析的理論融入，覺得好美妙；雖然接下來的博士學術及專業訓練是與精神分析看似不太相容的認知行為取向，該取向著重可觀察的行為及可明確推論的邏輯思考及信念（基模），且該學派幾乎不提無意識的概念。但是實際上，認知行為治療的鼻祖Aaron T. Beck就是有精神分析證照的神經科醫師，我認為他的「基模」核心理念根本就是將精神分析的童年創傷經驗以更能驗證及量化的方式做了改進。

　　過去，精神分析因為缺乏實徵研究的證據來支持其理論及治療的成效而常被批評為不科學。但在腦科學愈來愈發達的現在，佛洛伊德的無意識、解離性失憶等理念逐漸都受到支持。王浩威醫師在二○○四年六月號的《科學人》雜誌中就曾特別提到，該年美國精神醫學會年會麥爾（Adolf Meyer）獎得主──賈巴德（Glenn Gabbard）以邊緣性人格違常經過深度而長期的精神分析治療為例，證明精神分析可改變病患的闡釋與回應能力，且在腦部造影中也可看到明顯的變化。可見得，在科學的研究方法愈來愈進步的狀況下，佛洛伊德及精神分析又再度獲得肯定。因而在教學中，我都會提醒研究生要想深入了解一個人，絕對要了解精神分析的理念。

一窺精神分析堂奧就從本書開始

　　《圖解佛洛伊德與精神分析》是本讓我一拿到手就想看完的一本書。很佩服作者能用清楚的表格、圖解及簡潔有力的文字來說明許多人關心的佛洛伊德和精神分析理論及其往後的發展史、分析治療的歷程及夢的解析等深奧議題。譬如，佛洛伊德、客體關係論、克萊恩的遊戲治療、自體心理學對於童年時期創傷經驗導致精神疾患的關係；精神分析治療的歷程及元素（治療時間、情感轉移、反轉移、抗拒、領悟及修通），以及夢的各種理論及研究（從佛洛伊德與榮格的分析差異，演進至認知神經科學的觀點）。全書將各個精神分析的類型及歷史、治療與實徵研究做了巧妙的融合。我在大學時代若有這麼一本書，大概本文一開始所提到的諸多疑惑都早已釐清了。

　　此書另一個特點是不只說明心理疾患，更強調「健康的心靈」是如何形成的，這與一般精神分析相關書籍強調各種疾患的病因歷程有相當大的不同。我建議讀者讀這本書時，可從每篇章名、學習重點、本文及圖解一氣呵成讀完；且除了要了解精神分析的理念與發展，也要試著將生活經驗融入分析。這樣你才更能藉著這本書了解深層的自己。

本書以相當科學且客觀的態度來詮釋及整理精神分析。初次接觸精神分析的讀者相信可以知道如何運用科學概念來了解從佛洛伊德到現代精神分析論點的全貌。曾經閱讀過精神分析理論的讀者，相信這本書也可以幫助你統整或延伸原來已讀過的精神分析概念。因而我很願意推薦這本書給任何想要了解精神分析或已經接觸過精神分析的讀者，相信大家都會和我一樣，對精神分析會有更多的認識。

張本聖

Chapter

1 精神分析的起源

Chapter

2 我們的心靈如何運作？

目錄

Chapter

3 不同的精神分析學派及觀點

Chapter

4 為什麼心會生病？

Chapter

5 精神分析的治療工具

Chapter

6 夢的解析？

Chapter

7 精神分析的研究方法與內容

Chapter

8 近代精神分析的發展與問題

Chapter 1
精神分析的起源

十八世紀科學主義的因果決定論風行於歐陸，以赫姆霍茲為首的實證主義科學家相信，只要處理得宜，自然界所有的現象都可以科學方法加以解釋；然而，受限於當代的知識和技術，許多疾病的病因仍舊遍尋不著，使得這類疾病最後往往被視為詛咒或是瘋癲。佛洛伊德誕生於此種時空背景下，在以科學理論為主的醫學教育之中，佛洛伊德找到了探尋詛咒源頭的方法，稱它為「精神分析」。

學 習 重 點

❖ 精神分析的定義
❖ 佛洛伊德發展精神分析的背景
❖ 佛洛伊德在精神分析的地位
❖ 精神分析在英國的發展
❖ 精神分析在北美洲的發展
❖ 精神分析在歐陸的復興
❖ 精神分析的理論是如何產生
❖ 精神分析的基本概念：
　①驅力、客體與動機
　②自我、自體與動機

什麼是精神分析？

「精神分析」是十九世紀奧地利的一名猶太裔醫師佛洛伊德，所發明的一套解析人類內心運作的方法，它源自於佛洛伊德治療精神疾病患者的臨床經驗以及他的個人研究；之後的精神分析學家不僅將精神分析應用於治療臨床患者，也用來分析一般人的內心運作模式。

精神分析是一種治療心理疾病的方法

現代醫學奠基於因果論，當病因能被確認，且得到適當的處置，就能治癒疾病；在佛洛伊德之前的年代，因為無法找出引發心理疾病的病因，因此心理疾病不被認為是醫學能處理的問題，相反地，它被歸為天神的懲罰或是魔鬼的詛咒。精神分析是根源於當代醫學的哲學思考之下，所產生的一套尋找心理疾病病因的方法。

如同人體可被視為由各種器官組成的機械，佛洛伊德認為人類心靈亦可被分解為各個不同心靈器官所組成的一個機械體，精神分析就像是解剖刀或是顯微鏡一般，協助醫師拆解、觀察這個心靈機械，進而發現運作失靈或是受到外來物感染的部分，並輔以適當的心理治療方法，修復心靈損壞的部分或是趕走入侵的細菌，因而治癒心理疾病。

精神分析是了解人類內心運作的工具

心靈機械普遍存在於人類之中，為了修復損壞的機械，必須先了解正常機械是如何運作；佛洛伊德及其後繼者體認到此道理的重要性，利用精神分析方法積極建構人類的正常心智模型，佛洛伊德的自我分析以及後代精神分析學家的互相分析，使精神分析不只是一套治療心理疾病的方法，也是一套了解人類內心運作的工具。透過精神分析，人類的內在世界可以被一層一層地拆解、檢視，經歷這樣的過程，被分析者可以接觸到自己所不知的一面，進而更了解，且昇華自己的內心世界。

心物二元論的影響

十九世紀的哲學思維受到黑格爾的唯心論，及馬克思的唯物論影響，部分思想家將心（靈魂）和物（身體）視為分開獨立的個體，主張因果論的當代科學家偏重於唯物論的看法，因此致力於尋找靈魂在身體中的位置，例如法國思想家笛卡兒認為大腦中的松果體就是人類靈魂的所在。而精神分析可說是相同哲學思想下的不同產物，有別於唯物論認為心靈在人體中有一固定位置，佛洛伊德將心靈類比為整個人體，認為心靈是由許多不同心靈器官的運作所組成的，而非僅由一小群細胞就能擔綱複雜的心靈運作。

十九世紀的醫學概念vs.精神分析的看法

19世紀的醫學概念

有人生病

> 重視因果論的科學時代，治療疾病必須以科學的方法，加以觀察、分類，找出致病原因，再提出治療方案。

生病

生理疾病

生病

心理疾病

找出病因，對症下藥

找不出病因，非醫學問題

治癒疾病

對於肉眼可觀察、或是借助顯微鏡等實驗工具可發現病因的生理疾病，可以用科學方法加以治療。

詛咒或瘋癲

心病患者是受到魔鬼詛咒或是上天的懲罰，不認為是需要被治療的人。

提出精神分析

佛洛伊德是積極探究人類心靈探究的先驅，認為心理疾病也是疾病的一種。

反駁

佛洛伊德

> 精神分析將人類心靈視為由各個不同心靈器官所組成的一個機械體。

精神分析的兩種目的

①治療心理疾病的方法

找出是心理哪一部分生病了，再透過心理治療方法治癒心病。

②了解人心運作的工具

解剖並檢視每個心靈器官，建構人類的正常心智模型。

佛洛伊德發展精神分析的背景

佛洛伊德所受的醫學教育使因果決定論的想法深刻地烙印在他的思想之中，自醫學院畢業成為醫師之後，他決定鑽研神經醫學，當時大腦解剖學揭露了一些令人驚奇的發現，同時，人們發現催眠可以有效治療瘋癲或是歇斯底里症的問題，雖然心理疾病的病因仍是難解的謎題，但看來它並非無解。

專業醫學背景促使佛洛伊德研究未知疾病

失語症是一種因大腦皮質特定區域受傷而導致的疾病，可能是中風之類的原因使得大腦皮質受傷，但在未發現它的致病原因的年代，患者發病的過程不是那麼明顯地可以聯想到病因，而是看起來像生活正常的人，卻突然就不能說話了，因此失語症常被歸因為天神的懲罰或是魔鬼的詛咒。佛洛伊德透過自己所受的神經解剖學及神經醫學的專業訓練，在其第一本著作、一八九一年出版的《失語症研究》中即敘述失語症和大腦損傷位置的關係，他詳細地描述腦部受傷如何導致失語症的發生，此類的經驗讓佛洛伊德相信，過去認為不可解釋的現象、奇特的疾病，都可以藉由因果論來解釋，就如同失語症一樣。

歇斯底里症的催眠治療

十九世紀一名巴黎的醫師夏爾科，致力治療一群當時被稱為歇斯底里症的病人，這群病人有著怪異的症狀，例如長時間表現出某個特定的姿勢，但是卻沒有什麼理由使他們需要維持這些奇怪的姿勢；在當時，這些怪異的症狀無法用任何神經解剖上的證據加以解釋。然而，夏爾科應用催眠治療在這些病人身上，卻能成功地使某些症狀消失，雖然其中的因果關係尚無法確立，但這暗示著催眠或許和歇斯底里症的病因有某種程度的關聯。佛洛伊德因此前往法國南錫，向另一位催眠專家伯恩罕學習催眠，佛洛伊德推測使用催眠可以引導病人進入另一個生理狀態，並從中找到真正的心理疾病病因，因此歇斯底里症並非不可解釋之謎，而是有潛藏在心理上的病因，借助心理療法就會痊癒。佛洛伊德也從催眠療法獲得啟發，認為在人的意識之後，很可能有一個未被人們發現的思想歷程。

什麼是歇斯底里症？

在今天，「歇斯底里」常用以形容一個人情緒激動、無理取鬧或是無病呻吟，但在十九世紀時，歇斯底里症其實是正式的精神疾病名稱，它指的是身體上沒有任何明顯的病源，卻不斷地抱怨身體某部分感到疼痛、麻痺或是失去感覺；因為當時的醫學知識有限，所以對於這一類病症皆泛稱為歇斯底里症。

影響佛洛伊德發展精神分析的背景因素

神經解剖學的發現
法國醫生保羅‧布洛卡在解剖一名失語症病人的死後大腦中發現，病人的外側下額葉區域的大腦神經細胞明顯地萎縮，他認為有許多當時無解的疾病皆可在大腦找到相對應的區域發生病變，符合疾病皆有病灶的因果論。

神經醫學的知識無法完整解釋
臨床常見的歇斯底里症的病人多為女性，無法以相應的腦部病灶來解釋。

催眠療法的效果
法國醫生夏爾科成立歐洲第一個催眠門診，並利用催眠療法成功改善某些歇斯底里症的症狀。

佛洛伊德
堅信科學的因果論，認為一些未知的精神疾病可以找出其成因。

催眠可以引導病人至另一種生理狀態，在此狀態中治療者可以找到心理病症的病因。

尚未找到病因的心理症病，例如心身症，可藉由類似催眠的方法，找到確切的病因。

佛洛伊德專注研究精神疾病、探索心靈世界的領域

精神分析的誕生

十九世紀的精神科醫師在治療時並不重視病人的主觀經驗，而內科醫師則較注重，尤其是神經內科，當時佛洛伊德已經是小有名氣的神經醫學研究者，強調客觀及因果論，但也受到浪漫主義的影響，側重主觀性，因此佛洛伊德結合主觀和客觀，將主觀的心理現象做為客觀科學探究的目標，以文學的筆觸，撰寫科學報告。而佛洛伊德的精神分析開展了日後精神科醫師傾聽病人的傳統。

佛洛伊德在精神分析的地位

精神分析是由佛洛伊德所孕育而出，因此大部分學者認為精神分析是佛洛伊德的發明或是發現，因此尊稱他為精神分析之父，雖然後繼學者多次改變了精神分析學的面貌，但其中心理論仍以佛洛伊德的思想為主，足見佛洛伊德在精神分析學中占有舉足輕重的地位。

星期三心理學會啟蒙精神分析後繼者

在一九〇二年，佛洛伊德聚集了一群對精神分析深感興趣的人，相約每週三到他的家中，討論他們對於精神分析的研究，並分享各自的看法，這個迷你讀書會就是之後著名的「星期三心理學會」，到了一九〇八年，它更名為「維也納精神分析學會」。當時來參加這場讀書會的有阿德勒、馬克斯·柯漢、魯道夫·萊特勒、威赫姆·斯特科，以及之後加入的榮格、亞伯拉罕、布里爾等人，這些人後來在精神分析學的發展上，扮演著重要的角色。

反對聲音的出現

佛洛伊德在一九〇〇年發表了他的研究成果——《夢的解析》，緊接著又陸續發表《日常生活的精神病理學》、《性學三論》等重要精神分析論著，認為性慾是從嬰兒期萌芽並持續影響心理發展，他更以此為基礎提出戀母（或戀父）情結等概念。精神分析學說在當時歐陸的影響力日益高漲，追隨者愈來愈多，然而並非所有的追隨者都完全認同佛洛伊德的學說。

在一九一一年阿德勒首度公開反對佛洛伊德的主張，此舉促發其他的反對聲浪。阿德勒強調自卑感及社會意識才是影響心理運作的重要因素，拒絕接受以性驅力為中心的假說，進而創建了個體心理學。在阿德勒之後，榮格將宗教的概念引入精神分析的思想中，並對佛洛伊德的性慾論及無意識持有相異的看法，這些概念在一九一二年公開發表後，榮格和佛洛伊德的關係陷入僵局，在一九一四年榮格正式退出佛洛伊德所創立的精神分析學派，成立了分析心理學。

化反對為力量

阿德勒與榮格的相繼出走後，佛洛伊德發表了《精神分析史》一書，以回應反對者的聲音，並對自己的學說做了進一步的闡釋，但反對者的刺激及第一次世界大戰的世局變化，促使佛洛伊德思索原本理論欠缺的部分，進而修正原來的精神分析理論；而提出了具破壞性、求死亡的死之本能，並將性本能擴大為求生存的生之本能，更深入剖析心理結構的研究。佛洛伊德在精神分析學的影響力一直到一九三九年他過世為止，都未曾減弱；時至今日，他所提出的概念仍影響著當代精神分析的主要觀點。

佛洛伊德的精神分析發展過程

- 1856年5月6日：佛洛伊德出生於摩拉維亞（今捷克）。
- 1881年：佛洛伊德獲維也納大學醫學博士學位。
- 1896年：佛洛伊德正式使用「精神分析」一詞。

精神分析萌芽期 1892~1902

- 1897年：佛洛伊德開始使用「自我分析法」解析自己的心靈狀態，並體會到心理疾病是源自於由嬰兒時期就開始的性心理發展不全所引起。
- 1900年：佛洛伊德出版《夢的解析》，引起外界大量的批評。
- 1901年：佛洛伊德出版《日常生活的精神病理學》，提出常人的錯誤行為亦是無意識表現。

星期三學會成立時期 1902~1910

- 1902年：佛洛伊德在家中成立「星期三心理學會」，吸引同好加入。
- 1905年：佛洛伊德發表《性學三論》，包含了他對性心理發展的看法，認為性的發展從嬰兒時期就開始了，而心理問題可以追溯到嬰兒的性心理問題。
- 1908年：星期三心理學會更名為「維也納精神分析學會」。
- 1910年：創立「國際精神分析學會」。

精神分析學會盛行期 1910~1936

- 1912年：阿德勒離開維也納精神分析學會，創建個體心理學派。
- 1914年：榮格離開佛洛伊德創立了分析心理學。
- 1919年：佛洛伊德觀察經歷過戰爭創傷的士兵，發展心理創傷理論。
- 1923年：佛洛伊德出版《自我及本我》修改了「我」的心理結構理論。
- 1926年：出版《抑制、症狀及焦慮》，佛洛伊德將焦慮闡述為他的性心理發展理論的重要概念。
- 1936年：佛洛伊德80歲生日，獲頒英國皇家會士。

後佛洛伊德時期 1937~

- 1938年：納粹德國入侵奧地利，佛洛伊德及家人遷居至英國定居。
- 1939年9月23日：佛洛伊德因下顎癌病逝於英國倫敦。

精神分析在英國的發展

英國的精神分析師史崔奇將佛洛伊德的德語作品翻譯成英文，使精神分析得以在英美國家流傳，進而廣泛傳布於世上。而佛洛伊德的小女兒——安娜，則繼承父親的思想，在倫敦致力於兒童精神分析的研究，同時期還有另一名女分析師——克萊恩的努力，使得精神分析在英國生根發展。

佛洛伊德的英語代言人——史崔奇

　　佛洛伊德是一名德語使用者，想當然爾，他的著作主要以德文寫成；然而，精神分析卻在英語系國家較受歡迎，這要歸功於精神分析師詹姆斯‧史崔奇的翻譯，他大量地將佛洛伊德的作品譯為英文，使精神分析得以在英語世界推廣開來。

　　史崔奇畢業於劍橋大學三一學院，因為醉心於精神分析而尋求醫學訓練，希望可以對精神分析有所了解，但是當時醫學院的科學教育使他感到失望，他轉而至維也納向佛洛伊德學習精神分析；在一九二二年，他遷回倫敦，並在當地執業成為一名精神分析師，同時加入了英國精神分析學會。自一九四六年起，他開始著手翻譯佛洛伊德的著作，著名的《佛洛伊德心理學著作全集——英譯標準版》便是他的傑作；這套包含了二十四卷佛洛伊德重要

著作的英文版本，成為後世傳播精神分析思想且影響深遠的種子，因為後來英文取代了德文及法文，成為學術界主要使用的語言，時至今日仍有許多引用或是談論佛洛伊德的文章，皆以史崔奇的標準版本為主，而非直接引用佛洛伊德的德文著作。

兒童精神分析師——安娜‧佛洛伊德與克萊恩

　　一九三八年，因為第二次世界大戰即將爆發、納粹迫害維也納的猶太人等因素，佛洛伊德舉家遷至倫敦的郊區漢普斯特，當時佛洛伊德最小的女兒——安娜‧佛洛伊德已經四十三歲，也是著名的精神分析師訓練者及研究人員。

　　一九四〇年，安娜加入了英國精神分析學會，同年開辦了漢普斯特育幼院，利用她對於幼童及青少年的心理治療專長，協助因為戰爭而失去父母的孤

兒童的精神分析

心理問題不只會發生在成人身上，幼童也有可能出現心理問題，安娜‧佛洛伊德及克萊恩是早期少數鑽研孩童精神分析問題的人，她們認為雖然對於幼童的精神分析目標和成人是相同的：使無意識的心理過程可被意識感知，但孩童的心理發展未臻至成熟，因此治療方針也須有所調整。

兒。她在倫敦，也仿效她父親「星期三心理學會」的模式，在每週三的傍晚開辦了類似的讀書會，使得精神分析的思想逐漸在英國發展起來。在戰後，安娜受到幾名好友的協助鼓動之下，組織了漢普斯特兒童治療診所暨訓練機構，這間診所不只治療幼童的心理問題，也訓練新的分析師，精神分析就像當初佛洛伊德在維也納發展一般，在倫敦以不同語言的面貌重新開始。

早在一九一○年即接觸精神分析的克萊恩，則在一九二六年返回英國後一直到一九六○年去世為止，她都在英國精神分析學會工作並從事研究及教學。克萊恩提出前伊底帕斯情結以補充佛洛伊德對伊底帕斯情結的看法，並從分析自己的兒子開始，後來她把研究焦點放在嬰兒對外在事物的心理運作上，在兒童精神分析領域上累積了豐富的臨床經驗，逐漸開展出強調人際關係建立與發展重要性的客體心理學，因而擴大並充實了精神分析的內涵。

精神分析在英國的發展

1913 → 1913年10月30日英國神經科醫師暨精神分析學家瓊斯成立倫敦精神分析學會（英國精神分析學會的前身），正式開啟精神分析在英國的發展。

影響 **精神分析在英國萌芽**

1920 → 1920年代：早期少數向佛洛伊德學習精神分析的英國學者，包括史崔奇，返回英國貢獻所學。

1926 → 瓊斯邀請克萊恩至倫敦從事精神分析的工作，克萊恩在英國展開兒童精神分析的研究。

影響 **兒童精神分析在英國展開**

1932 → 克萊恩發表兒童精神分析的重要著作：《兒童精神分析》一書。

1938 → 因為納粹德國占領奧地利，佛洛伊德舉家遷至英國定居。

1946 → 史崔奇開始大量英譯佛洛伊德的德語著作，加快了精神分析在英語系國家的傳播。

影響 **精神分析藉由英文廣布於世**

1947 → 安娜·佛洛伊德創立漢普斯特孩童治療診所暨訓練機構，英文漸漸成為精神分析研究及著作的主要語言。

1955 → 梅蘭妮·克萊恩基金會成立，在英國推廣克萊恩的精神分析學說及訓練。

精神分析在北美洲的發展

雖然在歐陸反對佛洛伊德的聲音遠多於追隨者，但一九〇六至一九〇九年間精神分析在英語系國家卻大受歡迎。一九〇九年佛洛伊德受邀前往美國克拉克大學演講，種下了精神分析在美國風行的種子，且受到第二次世界大戰的影響，許多歐陸學者逃到未受納粹德國占領的美國，其中包括後來以自我認同發展著名的艾瑞克森。

北美的精神分析師

出生自奧地利，青少年時期即赴美求學的布里爾，不但是早期「星期三心理學會」的一員，也是首位出現在北美洲的精神分析師，同時他也是第一位將佛洛伊德作品介紹到英語世界國家的人。更重要的是，他擔任了哥倫比亞大學精神分析講座的講師，以及紐約大學精神學科的臨床教授，成功地使精神分析受到美國學術界的認同。

普特南是另一名促使美國本土精神分析發展的主要貢獻者，他在一九〇六年發表了第一篇以英文撰寫的精神分析報告，並在一九〇九年所舉行的美國治療學會會議上，與佛洛伊德的忠實追隨者瓊斯分別介紹了精神分析的學說及對心理治療的意義。同年佛洛伊德親自訪美，更觸發了美國精神分析的熱潮。一九一一年，布里爾返回紐約創立了紐約精神分析機構；數個月後，普特南也在瓊斯的鼓吹下，成立了美國精神分析學會。

卡倫・荷妮是出生於德國，而後移居紐約布魯克林的精神分析師，她也是精神分析學界中首位女性的精神科醫師。一九三七年，荷妮發表《當代精神官能症的人格》一書，強調精神官能症受社會環境與文化的影響，不能只著眼於童年創傷和性壓抑，除此之外她也是女性主義心理學的先驅者之一，反對佛洛伊德在心理學上以陽具為中心的說法，她在紐約醫學院持續教學工作直至辭世。

奠定人格發展論里程碑的艾瑞克森

出生於德國的艾瑞克森原本希望成為一名藝術家；然而在一九二七年他在維也納接受了安娜・佛洛伊德的精神分析，且在不久後成為安娜的學生，艾瑞克森因此進入了精神分析的世界。

一九三三年時他成為正式的精神分析師，並和妻子移民到他父母的家鄉——丹麥，但不久之後，因為戰爭的因素，輾轉搬到了美國波士頓。艾瑞克森關注自我認同的問題，加上美國的移民多來自各種不同文化背景的人，自我認同遂成為重要的議題。

艾瑞克森結合了心理學、社會學、人類學等學科領域，運用精神分析為基礎拓展至兒童與成人心理發展的研究上，提出了心理社會發展理論，使得原本佛洛伊德強調性心理發展是人格成長的過程，轉變為大多數

人較能接受的自我認同的人格發展，這項觀念的轉變後來成為精神分析對於人格發展上的一項重要成就。

精神分析在北美洲的發展

1895 ── 佛洛伊德首次到美國克拉克大學演講，美國開始有精神分析的教科書。

1907 ── 布里爾自美國前往歐陸學習精神分析。

1908 ── 布里爾返回美國紐約開始從事精神分析的工作。

影響 精神分析在北美萌芽

1909 ── 普特南與瓊斯在一場美國心理治療學會的會議上，分別介紹了佛洛伊德的學說及在心理治療的意義。

佛洛伊德再度應克拉克大學之邀，舉行慶祝該校20週年校慶的五場演講，受到專業人士和一般民眾喜愛。

引爆美國精神分析的熱潮

布里爾聯合其他二十位同事，共同創立了紐約精神分析學會。

1911 ── 普特南在瓊斯的鼓吹下，成立了美國精神分析學會。

1930 ── 卡倫‧荷妮移居紐約布魯克林。

1931 ── 紐約精神分析訓練機構在布里爾的協助下成立。

1933 ── 德籍的艾瑞克森畢業於維也納精神分析學院。偕同妻子移居至美國波士頓，成為美國第一位兒童精神分析師。

影響 兒童精神分析正式在美國出現

1934 ── 美國精神醫學會精神分析組成立，布里爾擔任第一任會長。

1941 ── 荷妮成為美國精神分析研究所所長，在美國訓練新的精神分析師。

1950 ── 艾瑞克森發表《童年及社會》，提供了兒童發展的嶄新學說，這也是他最為人熟知的一本著作。

影響 艾瑞克森的發展理論廣為人知

精神分析在歐陸的復興

一九三九年佛洛伊德辭世後，精神分析學界產生巨變，英國的精神分析學界產生了學派之爭，分別是克萊恩為主的克萊恩學派及安娜‧佛洛伊德為主的佛洛伊德學派；二次大戰結束後，當時的制式化教條僵化了精神分析的精神，法國一名叫拉岡的精神分析師強調重返佛洛伊德的思想，重新尋找精神分析真正的精神。

英國的學派之爭

隨著第二次世界大戰的爆發，佛洛伊德一家人逃離維也納，許多精神分析師也紛紛出走，位在維也納的國際精神分析學會也隨之瓦解，只有極少數非猶太裔的精神分析師仍留在維也納。因戰爭而湧入英國的精神分析師，在英倫地區快速地發展精神分析學。

一九三九年佛洛伊德在倫敦辭世，安娜‧佛洛伊德繼承她父親的衣缽，在倫敦努力地推廣精神分析的學說。另一位早期曾向佛洛伊德學習精神分析且大受肯定的女性英國學者、也是鑽研兒童精神分析的梅蘭妮‧克萊恩，早在英國奠定了她在精神分析學界的地位。克萊恩主張分析兒童的心靈，可以應用佛洛伊德所發展的成人心理結構理論；然而繼承佛洛伊德思想的安娜卻認為兒童的心理結構與成人並不相同，因此兒童無法被分

析。因為佛洛伊德在世時未曾對克萊恩的看法表達過任何反對、批評的意見，加上他過世後精神分析學界頓失一個權威論斷的標準，使得克萊恩學派和安娜‧佛洛伊德學派陷入了不安的爭論。直到一九四四年，兩學派共同簽署了「紳士協議」，使得精神分析學界避免走向真正的決裂。

重新詮釋佛洛伊德思想的拉岡

拉岡，一位被後代學者尊稱為法國佛洛伊德的精神分析師，挑戰了當時已僵化的教條式精神分析程序，他重新詮譯了佛洛伊德的思想，並以拉岡式佛洛伊德的面貌出現。

拉岡認為，佛洛伊德的後繼者並沒有真正理解佛洛伊德的思想核心，他提出回歸佛洛伊德的主張，也就是精讀佛洛伊德的著作，理解其早期理論，拉岡並以哲學及結構主義語言學的觀點

結構主義與語言學

結構主義是盛行於十九世紀學術界的一種哲學思想，因為當時科學技術的進步，研究者可以觀察到物質是由更小的元素所組成，以語言學為例，單一字詞的意義是被所存在的結構所賦予，也就是所處的社會或對話情境（結構）。而拉岡認為語言的結構模式也普遍存在於心理機制中，簡單來說，當無意識的呈現物變得像字母般可讀時，進而構成詞，才能成為意識的東西，形成了有意義的詞。

重新詮釋精神分析的思想，發現了無意識、語言、夢之間的相似性，認為無意識具有與語言結構類似的活動規律，進而將精神分析從醫學的分析模式轉變為一種語言學的人文分析模式。

一九五三年，拉岡因為反對當時美國學者的精神分析理論，而脫離了國際精神分析學會，另組由他領導的法國精神分析學團體，並培訓了不同於美國的精神分析師。拉岡的另類觀點為佛洛伊德所創立的精神分析注入了新的動力，同時也對歐陸及北美的精神分析學及文學理論產生了重大的影響。

二十世紀初精神分析在歐陸的發展

- 1939年佛洛伊德逝世。
- 安娜·佛洛伊德發展兒童精神分析，認為了解兒童心靈有其特殊方法，且兒童的心靈結構基本上和成人不同。
- 克萊恩認為分析兒童心靈可以應用佛洛伊德所發展的成人心理結構理論。
- 安娜與克萊恩的論點相左，產生學派之爭，導致英國精神分析學會瀕臨分裂。

1944年克萊恩與安娜兩派簽署「紳士協議」，使精神分析學界免於決裂。

1938年因第二次世界大戰納粹迫害猶太人之故，佛洛伊德舉家搬遷至英國倫敦。

英國

倫敦

影響

法國

影響

奧地利

影響北美

- 1950年代，拉岡提出「回歸佛洛伊德」，以哲學的結構主義思維及語言學的方法重新解讀佛洛伊德的文本。
- 拉岡的獨特主張，使得他與國際精神分析學會分道揚鑣，但其影響力遍及歐陸及北美。

精神分析的理論是如何來的？

精神分析理論無庸置疑地由佛洛伊德所發展，背離佛洛伊德原本所架構的心靈模式理論，往往不被視為精神分析，例如榮格的分析心理學。以今日科學方法論的眼光檢視佛洛伊德的理論發現過程，他主要使用的方法可被歸類為自然觀察法及內省法。

佛洛伊德的自然觀察法

　　自然觀察法是指研究者在自然情境下，觀察被調查對象的言語、行為、舉止，從而獲得資料的方法。佛洛伊德在心理疾病治療方法上的發明、改善亦屬於自然觀察法。他經過長期的診察經驗，發現當時的電療法及催眠療法是無效且浪費時間的，因為當時的電療法是使用一連串不對稱的間續電擊，使被治療者受到驚嚇，讓心病症狀暫時不發作，而非真正治癒。此外佛洛伊德認為催眠具有療效並非因為催眠本身，而是催眠可以引導病人釋放無意識的內容才是治癒心理病症的主因。

　　他從治療過程中體認到，病人在自然的情況、不受道德或外在社會壓力的束縛下，可以陳述出自己的問題及無意識之中受到壓抑的心理病因，這也是治療產生效果的真正原因，佛洛伊德據此發展出自由聯想技術，利用一個簡單的提示字引導病人在毫無拘束的情況下說出心裡的想法，藉此洞察一個人的無意識心理過程。

　　佛洛伊德經由對精神官能症的診察經驗，以及他的觀察記錄，使他認為精神分裂症及精神官能症應分別看待，且他歸納早期對心理疾病病患診察的經驗，發展出性心理發展理論。

佛洛伊德的內省法

　　佛洛伊德除了運用自然觀察法外，他也藉著對自己的心理與夢境做分析，逐步架構出精神分析的理論基礎。《夢的解析》是一本類似佛洛伊德自傳的書，他在書中分析自己的夢境內容並將之和無意識的理論相連結，陳述無意識是如何透過另一個面貌在夢中呈現出來，並說明心靈結構是如何藉由這個無意識的窗口被洞察。佛洛伊德的自我分析屬於內省法（也稱為自我觀察法）的一種，在十九世紀哲學思考風行的時代，這種方法被認為是唯一可以了解心靈的一

精神官能症與思覺失調症

精神官能症泛指引起焦慮及和情緒的心理障礙，伴隨著對認知上的觀點偏差，如：強迫行為症、恐慌症或憂鬱症等，而思覺失調症是指對外界現實世界產生不存在的幻覺，包含看到、聽到或嗅到大多數無法感知到的人、事或物。

種方式，法國的科學家暨哲學家笛卡兒就認為，因為我們永遠無法肯定是否了解一個「我」之外的心靈狀態，所以透過內省法了解「我」，這個唯一可以肯定的個體，是研究心靈的唯一途徑。

精神分析的理論來源

佛洛伊德

自然觀察法

在自然狀態下透過對被研究者行為舉止的觀察、記錄，來判斷其心理特點的研究方法。

↓

觀察、記錄許多診療過程及效果

↓

發現電療法、催眠法的效果有限　｜　歸納心靈運作的可能結論

↓

讓病患在自然無壓力情境下自述心理問題　｜　在下一個病患身上驗證

↓

心理療法
發展「自由聯想法」診斷精神病的起因

理論貢獻
提出「性心理發展理論」說明嬰幼兒性心理發展不全會導致心病

內省法

研究者審視自身的思想、心理、行為表現，試著分析自己的心理活動報告，歸納出某種心理學結論。

↓

對自己的心靈做分析並記錄心理活動報告

↓

觀察、記錄許多診療過程及效果

↓

分析自己的夢境並和自己的生活遭遇比較

↓

心理療法
透過「夢的解析」（釋夢）找出病患的心理癥結

理論貢獻
- 發現無意識的存在
- 提出心理結構分為本我、自我及超我
- 認為人具有毀滅傾向的死之本能與創造性的生之本能

了解精神分析的核心概念①：
驅力、客體與動機

精神分析理論的發展過程可以用瞎子摸象來比喻，各個精神分析學派從不同的角度探索人類心靈的問題，然而當我們以巨觀的眼光檢視各個理論，會發現精神分析理論的論述始終圍繞著「動機」此議題上，因為動機如同心理運作的能源，當心理運作沒有了能源，也就沒有了心靈，因此了解動機概念，才能更清楚認知精神分析的內涵。

驅力和動機

佛洛伊德認為人類一生下來，就具備某些不需學習便有的基本能力及反應，即為本能，這也是基本的發展需求需要被表達及滿足，形成推動或催促自己向某個目標前進的動力（驅力）。例如當身體感到饑餓時，就會本能地產生找尋食物的心理慾望，因此心靈的運作就是由某種驅力推動所產生的現象。

佛洛伊德認為促成心理運作的動機來自於兩個對立的本能，也就是說人同時具有創造性的「生之本能」及具有毀滅傾向的「死之本能」。生之本能使人表現出性愛、延續生命等行為，死之本能卻使人表現出攻擊、破壞等行為，因此生之本能與「性驅力」聯結，而死之本能與「攻擊驅力」聯結；一旦被這些驅力或本能慾望所牽制，就會造成異常心理及偏差行為。

性驅力的影響

佛洛伊德認為影響心靈運作的核心，是根源於性本能的一種「性慾能量」，他稱之為「里比多」（libido），即性驅力。它的意義相當廣泛，除了性以外，還包含性本能的衝動以及一切尋求快感的衝動。當性慾望不被滿足時，性驅力便會驅動著心靈去追求可能滿足它的任何來源。由於佛洛伊德強調性驅力是人類一切活動、行為、慾望的動機，因此他的理論又被稱為泛性論。

性驅力具有兩種特質，一是急迫感，另一是歡愉感，以飢餓感來比喻或許較易了解，當你長時間處於飢餓的狀態時，會迫切地希望找到任何可以充飢的食物（急迫感），飢腸轆轆之下將食物送入口中的瞬間，你會感到飽足的舒適感（歡愉感）；然而性驅力有一點和其他生存本能不同的是，它可被壓抑，或是以替代及想像的方法取得部分或暫時的滿足，例如性幻想。

佛洛伊德認為隨著人的心理發展，性驅力的滿足焦點會由口、肛門到性器官逐漸轉變，例如嬰兒期著重於口慾的滿足，青春期時則會對性產生好奇，而此發展過程會形成每個人特殊的記憶及經驗，這些性慾望滿足的記憶因為性本能的可替代性、壓抑及想像特質，會在人逐漸成長後以複雜的形式表現出來，例如：嬰兒期因飢餓感而有吸吮手指或奶嘴的慾望，長大後則表現在嚼口香糖、抽菸的行為上。

驅力影響心理運作

生之本能 驅動 ➡️ ❤️ **心理運作** ⬅️ 驅動 **死之本能**

具有創造跟成長的特質　　　　　　　　　具有破壞跟毀滅的特質

性驅力（里比多）

1. **性衝動（生殖目的）**
   例如 生小孩（繁衍後代）
2. **性衝動（愛慾目的）**
   例如 性生活
3. **追求一切快感的衝動**
   例如 飢餓時想尋求飽足感

攻擊驅力

1. **不具敵意的攻擊驅力**
   例如 探索行為
2. **不具敵意但有毀滅性的攻擊驅力**
   例如 咬或咀嚼
3. **具敵意及毀滅性的攻擊驅力**
   例如 仇恨或殺人

實例

阿嬌小時候肚子餓時，會想吸奶嘴，吸吮時可以讓她獲得暫時的滿足感。

實例

擺攤的阿明被流氓強收保護費，對方蠻橫的行為使得阿明感到氣憤，有股想揍人的衝動。

可以替代或想像的方法滿足，或是以壓抑的形態呈現

表現為

阿嬌小時候愛吸奶嘴，長大後也一直有嚼食口香糖的習慣，而且嚼口香糖會讓她覺得心情愉悅。

表現為

阿明知道自己打不過對方，只好趁流氓走後，轉而動手摔東西，發洩心中的怒氣。

使人做出看似不同卻彼此相關的行為

攻擊驅力的影響

　　和性驅力類似的，攻擊驅力也是生物生存不可或缺的本能，例如打獵找尋食物或是為了保護後代而攻擊侵略者等，當代的精神分析認為攻擊驅力還可以區分為，不具敵意的攻擊驅力，例如：探索行為；不具敵意但有毀滅性的攻擊驅力，例如：咬或咀嚼；及具敵意及毀滅性的攻擊驅力，例如：仇恨或殺人。同樣地，攻擊驅力也可以用替代或想像的方法滿足，或是以壓抑的形態呈現，例如：某對夫妻發生嚴重爭執，丈夫吵輸了妻子，但理智上明白不能痛揍老婆，於是把自己關在房間，用力捶牆來替代想要揍人的慾望。

客體關係和心理運作動機

　　人類從出生開始，就不能脫離他人而獨自生存，因此一個初生的心靈除了受內在驅力的影響，而有渴求飽足、躲避危險等慾望之外，也會受到外界人、事及物的影響，而父母就是新生兒最開始接觸的他人。

　　精神分析將所關注的自我內在心靈稱為「主體」，而自我心靈之外的心或物稱為「客體」，例如母親的哺育（行為或是哺育器官）或愛（無形的心靈狀態）是影響幼童心理發展的重要客體，相對於此的主體就是被哺育的嬰孩心靈。從人（主體）會與外界（客體）互動的觀點來看，人的心理運作動機會受到「客體關係的內化」影響及對「客體的依附需求」。

客體關係的內化與影響

　　何謂客體關係的內化？是指一個人從出生後到具備自主能力前、這段需要別人照顧的時間內，嬰孩的自我心靈（即主體）在與外界（即客體）互動中所建立的關係，會轉化成心理現象或思維過程，形成個人的感受經驗與情緒反應模式，重現在往後的人際關係上。例如：一名三歲的小男孩因為頑皮，伸出手指去觸碰母親剛盛裝好熱湯的鍋子，結果可想而之，小男孩被高溫的鍋緣燙傷了手指，而大哭大叫，母親見狀馬上過去安慰並輕撫兒子疼痛的手指。這樣的心靈狀態以及和客體互動的過程會內化為這名小男孩未來和其他人互動的一種模式，形成他在心靈運作的一種動機，即使他長大了，仍然會不斷地重覆此種與他人的互動模式，例如：從事冒險性的活動以博取他所在乎的人（例如伴侶）給予心靈的撫慰。

　　因為任何人在剛出生時都是脆弱、幼小的生命，這段時期生存本能會驅使主體向外尋找可依附的客體，以獲得保護及食物而順利成長，此種依附客體的本能也會成為心靈運作的動機之一。例如：嬰兒會以照顧者（通常是母親）為依靠的對象，當他向外探索的過程中，若感覺到害怕或威脅，會以哭聲向母親求救，或是依偎在母親身邊，尋求安全與慰藉。這段親子互動的過程，無論是被照顧或被拒絕，都會形成嬰兒內在的運作模式與認知，影響其人格發展與社會適

應，當他長大後，依附的對象可能會 得安全感。
轉變為朋友或是情人，同樣是為了獲

客體關係的內化

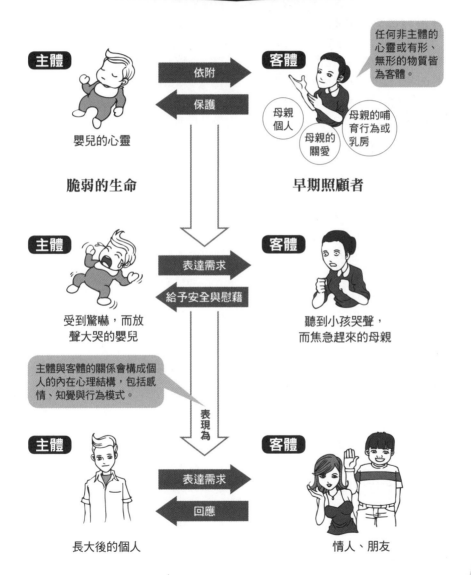

任何非主體的心靈或有形、無形的物質皆為客體。

主體 嬰兒的心靈
依附 →
← 保護
客體
母親個人
母親的關愛
母親的哺育行為或乳房

脆弱的生命　　　　　**早期照顧者**

主體 受到驚嚇，而放聲大哭的嬰兒
表達需求 →
← 給予安全與慰藉
客體 聽到小孩哭聲，而焦急趕來的母親

主體與客體的關係會構成個人的內在心理結構，包括感情、知覺與行為模式。

表現為

主體 長大後的個人
表達需求 →
← 回應
客體 情人、朋友

了解精神分析的核心概念②：
自我、自體與動機

在精神分析理論中出現了兩個重要但意義不易區分的概念——自我和自體，這兩個關於「我」的概念，看似都是指稱自己或個體，在意義上卻有微妙的不同，這兩者也都是心理動機的一部分，可形塑出一個人的性格、經驗與反應。

什麼是自我和自體

什麼是自體（self）？它指的是自身對個體存在的一種反思、對自身存在的一種自覺，它是由主觀的生活經驗所建構而成。例如當你說：「我絕對不是那種自私的人」或「我是一個不會被輕易擊敗的人」時，你正透過內心的省察表現了對自體存在的感覺，簡言之，精神分析文獻通常會以下面四個特點來定義自體的主觀經驗：①可以區分自己和他人界限的一種感覺能力；②可以感到自尊或自我價值的存在；③能夠意識到自身的整體性及時間上連續的感覺；④感覺自身是融入社會的人際網絡，而非孤獨的存在。

而自我（ego）則是一個較抽象的概念，精神分析學將自我假設為一個整體「我」的一部分，此部分的我掌管心理防衛、環境適應及現實妥協的心理功能，它和自體不同的是，自我是一種心理功能的展現，而自體是自身存在的一種內心覺察。

自我功能及動機

自我功能廣泛地說，是指適應現實環境及維護心理健康的一種心理功能，精神分析學家認為人剛出生時，就已經具備適應現實環境的能力，但未臻至成熟；因此為了能成功地適應現實環境，自我會朝此方向自然地運作，形成自我功能的本能動機。自我功能的本能動機主要有兩個部分，一是自我本能，而另一個則是偵測焦慮訊號的本能，隨著個體心靈的成長，這兩項動機又會衍生出另一個自我功能的動機，即抗拒改變的自然傾向。

自我本能是指與生俱來適應環境的自我功能，諸如知覺、思考、記憶、動作及感覺情緒等心理功能，也可以說是大腦的認知功能，精神分析學家認為嬰兒一出生就會本能地去尋求外界的刺激及心理壓力的抒解，例如：嬰兒喜歡探索未知新奇的事物，遭遇挫折時就會大哭大鬧以尋求父母親的安慰。

自我功能的本能動機還包括感測情緒及焦慮的能力，也就是感情及焦慮的訊號偵測功能。當此功能失調，心靈容易錯失或誤讀焦慮的訊號，而沒有給予適當的調適，因而導致心理疾病發生。例如：某次家中遭竊的經驗讓你對門戶安全有過度的擔心，適當的調適方法可能是在換門鎖、購買保全服務、或是將貴重物品保存於銀行保險箱之後便能感到安心，但當你

什麼是自我？

自我ego
一種心理功能的展現，無法直接被看到，屬於抽象的概念。

作用
1. 適應現實環境
2. 維護心理健康

影響自我功能的動機

屬於無意識的改變慾望

運用自我功能，個體心靈歷經挫折而逐漸成長

穩定的心靈狀態

維持

①自我本能

為了適應環境的自我功能，包括：思考、知覺、學習、記憶、語言、動作等心理功能。

例如 嬰兒會主動探索新奇事物。

②偵測焦慮訊號的本能

偵測個體的情緒感覺，以調節因焦慮所產生的心理困擾。

例如 你想要買名牌包，但財務狀況不允許而感到失落，自我幫助你體察到低落的情緒，促使你做出因應的行為，於是你開始兼差以存錢買包。

隨著個體心靈成長所衍生

③抗拒改變的傾向

為維持某種穩定的心靈狀況，而拒絕改變的傾向。

例如 小靜從小習慣大聲說話以掩蓋無自信的心理狀態，但過大的音量引起上司的不悅，雖然她試圖改變卻總是不成功。

的「自我」誤讀此心理焦慮訊號，而視之為是嚴重焦慮的話，即使你進行了種種門戶安全的改善措施，每次出門時，你仍然會不斷地檢查門鎖及窗戶，並一直擔心保全系統是否啟動，如此一來，反而干擾日常生活的正常運作。

在心靈個體的成長過程中，自我本能與情緒及焦慮訊號偵測的本能會和許多心理挫折事件產生互動，使個體逐漸被形塑為一個穩定、可預測的心靈狀態後，心靈會傾向於維持這樣一個穩定的狀態，而不希望改變，這種傾向即是自我功能的抗拒改變的動機。

自體經驗和動機

人會在成長的過程中逐漸形塑出自體經驗，例如：從鏡中看到自己的外貌，而辨認出自己長得是什麼模樣；從師長的評語中，了解自己的學業表現等等，這些生活經驗可能是正面傾向也可能是負面傾向，當負向的生活經驗超過個人心理上所能容忍的範圍時，個體便會產生想要改變此

種狀況的動機，而會使用某些方法去「校正」這些超出可容忍範圍的情緒或是焦慮反應。例如：青春期的少年會十分關注自己的外貌，外人的一些評論像是很台、很土或是髮型很矬等，都會讓青少年感到非常介意，而產生「我是不是真的很土？」的想法，引發了尋求改變的動機；或是產生「根本是批評者沒眼光！」這樣心理上防衛的感覺。

因自體經驗而生的動機和因自我功能的情感偵測及改變抗拒而生的動機，雖然有其相似性，其中還是有細微的不同。自體經驗的動機專指意識上的改變，例如：青少年會因為同儕批評自己的外貌，而努力地想要將自己打扮得更好看；然而，自我功能的動機專指無意識的改變慾望，伊底帕斯情結就是一個例子，它是一種無意識的戀親慾望，個體是在沒有自覺的狀況下希望改變此種不為社會道德所允許的情形。

什麼是伊底帕斯情結？

佛洛伊德認為成長中的嬰兒在無意識中，有一種想和自己異性別的父或母發生性關係的戀親慾望，這種無意識被稱為「伊底帕斯情結」，在小男孩身上稱為戀母情結，在小女孩身上則稱為戀父情結。佛洛伊德認為幼童的心靈發展過程中，必須能化解此種慾望以及所造成的衝突，例如小男孩對母親的不道德慾望並對父親產生敵意必須被昇華為正向、健康的心理，否則這類的衝突將被壓抑至無意識之中，成為未來引發心理疾病的遠因。

什麼是自體？

1 一種區分自己和他人界限的感覺能力

我就是我，
而別人是別人

2 感到自尊或自我價值的存在

我的所做
所為都是
有意義、
有價值的

自體
self

自身存在的
一種內心覺察

3 意識到自身的整體性及時間上連續的感覺

不論移動到何地、
經過多久時間，我
還是我

4 感覺自身融入社會的人際網絡之中

我不是孤
單一人

＋

正面生活經驗

帶給自己愉快、自信、成功等正
面感受的經驗。

例如 老師說：「你的作文寫得
不錯，觀察力敏銳」（老
師稱讚自己的學業表現）

負面生活經驗

帶給自己不愉快、受到威脅、焦
慮等負面感受的經驗。

例如 朋友說：「你穿得好土
喔！」（被同儕批評自己
的外表）

在成長過程中逐漸和外
在世界相對照，可以知
道自己是什麼樣的人。

形成動機，引發
某種反應或行
為，是屬於意識
上的改變。

形成自體經驗

Chapter 2

我們的心靈如何
運作？

精神分析學說視心靈為一個完整的個體，要了解心靈運作必須檢視此一完整個體的每一部分及其運作方式，特別是無意識的意涵，與自戀、情結、性慾等情感因素對個體的影響。由於人是一個持續成長與變化的生命有機體，小時候的感受和經驗是長大成人後的基礎，因此精神分析學家特別側重人從出生到邁入青春期這段時間的心理變化，佛洛伊德據此提出無意識的存在、性格結構的運作、防衛機制的作用、發展階段的影響……等，說明人的心理運作方式。而後世的精神分析學對人心運作的觀點也是建構在佛洛伊德的理論基礎上，雖然有些論點會予以修正甚至取代，但大部分的原始概念仍沿用至今。

學 習 重 點

❖ 人的意識結構有哪些部分
❖ 什麼是本我、自我及超我
❖ 人如何排除心靈創傷
❖ 性心理發展有哪些階段
❖ 生之本能及死之本能有何影響
❖ 客體關係如何建立人格
❖ 什麼是前伊底帕斯階段
❖ 什麼是伊底帕斯情結

意識的組成

無意識是精神分析學重要的核心概念之一，佛洛伊德是首位系統性討論意識與無意識議題的學者；他眼中的無意識是一團混沌且無秩序的世界，透過精神分析的方法才得以了解此一混亂的無意識世界，讓它浮現至意識的層面。

難以察覺的無意識

佛洛伊德認為我們所能察覺到的心理運作（也就是各類意識活動），例如回憶往事或是計畫事情，只不過是整個心理現象的一小部分，若以冰山做比喻，「意識」就如同我們從海面上看到的冰山一角，只是整座冰山的一小部分，事實上在海面下隱藏著極大的部分是我們沒有察覺到的心理狀態與活動；佛洛伊德將這種無法利用內省而察覺的心理運作稱為「無意識」。在一般人看來無心的小動作，像是寫錯字、說錯話、會錯意、健忘等錯誤行為，佛洛伊德認為，這都是隱藏在無意識之中的願望。例如：聽錯約會的時間或忘記約會的地點，可能代表著內心裡不想與對方見面。

如同冰山的水下部分是水面露出部分的基礎，無意識也是一切心理活動的基礎，在心理運作中扮演著極重要的地位，不只因為它占心理運作的大部分，而且它能影響意識層面的運作，所以要了解一個人必須先了解他的無意識。然而佛洛伊德認為無意識是一團混亂且難以察覺的世界，因此分析師必須利用特殊的方法，例如，自由聯想或是夢的解析等方式，接觸案主的意識層面，再從中找尋無意識線索，唯有了解無意識的運作才能清楚分析案主的心靈運作。

意識與前意識

相對於「無意識」，「意識」是我們可以利用簡單的方法去了解的心理層面，透過內省法就可以檢視自己心中正在想些什麼、或回憶我們仍記

潛意識跟無意識一樣嗎？

許多精神分析的文章中提到的「潛意識」，事實上它就是本書中的「無意識」。說法如此分歧的原因之一，是因為過去談論精神分析的中文文獻習慣將英文中的unconscious譯為潛意識，然而在英文的精神分析文獻有時會使用到subconscious一詞，中譯也為潛意識，因此在中文上易產生混淆；另外，「潛」有潛在、潛藏之意，似乎是指主動的隱藏、或不經太多努力即可發現，意義上較接近「前意識」，因此後來學界偏好使用「無意識」做為unconscious的中文譯詞，subconscious則譯為「潛意識」，使兩者在中譯上有明顯區隔，也較能表達無意識層面被意識到的困難。

得的往事。除了意識及無意識，佛洛伊德還提到了「前意識」，它是存在於意識層面的記憶，介於意識及無意識之間，只要投以足夠的專注及努力回憶，隨時都可能回想起來的記憶，例如有時我們看到某個人的臉孔，覺得這個人似乎似曾相識，但總是無法想起他是誰（或許是久未見面的同學）。這種無法馬上意識到，但努力回想還是能恢復印象的部分，即為前意識。

人的意識結構模式

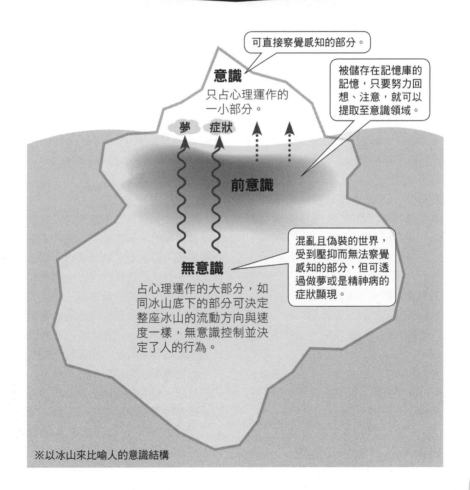

可直接察覺感知的部分。

意識
只占心理運作的一小部分。

被儲存在記憶庫的記憶，只要努力回想、注意，就可以提取至意識領域。

夢　症狀

前意識

混亂且偽裝的世界，受到壓抑而無法察覺感知的部分，但可透過做夢或是精神病的症狀顯現。

無意識
占心理運作的大部分，如同冰山底下的部分可決定整座冰山的流動方向與速度一樣，無意識控制並決定了人的行為。

※以冰山來比喻人的意識結構

「我」的組成

佛洛伊德除了將心靈結構依據意識的有無分類之外，他還將心理結構依據性格及其功能性，將「我」一分為三，因此精神分析文獻中會將單一心靈再分為「本我」、「自我」及「超我」三個性格元素，並依其各自不同功能分別討論。

原慾的本我與道德的超我

為了分析複雜的人類心理結構，佛洛伊德將人的心理劃分為無意識、前意識、意識三層結構，但心理運作是動態的、有生命力的過程，因此佛洛伊德在意識結構的基礎上，又提出本我、自我和超我的概念，以說明人類心理的內在本質。

「本我」存在於無意識之中，它的功能在於滿足基本的生命原則，也是性驅力的貯藏庫，就像匯集了眾多慾望的大融爐，每個慾望都各自隨便行動，不經過理性判斷，也沒有善惡價值之分，只在乎如何滿足本能的需要，因此本我是依照「享樂原則」來行動，也就是隨心所欲地去做，以滿足自己的快感。

與「本我」相對的是「超我」，它的一部分屬於意識，大部分是屬於無意識的範圍。事實上超我是一個人類心靈所冀望的完美我，是一切道德的代表、至善的擁護者，也就是「良心」。超我依據「道德原則」來行事，其功能包括：抑制本我不被社會所接受的衝動、勸自我向善、努力追求卓越。

協調本我與超我的自我

「自我」則分別存在於意識與無意識之間，代表理性，也是現實取向的性格層面。自我依據現實原則來節制本我的衝動，並受到超我的規範，就像內在世界與外在世界的協調者。自我使本我的本能衝動可以符合現實情況而表現，並且不違反超我的道德原則，例如：鄰居在半夜開大音量聽音樂，吵得你無法入睡，本我的衝動讓你想去痛揍對方，但道德層次的超我卻提醒自己打人是不對的行為，在自我對現實的妥協下（不想被吵也不想與對方起爭執），於是耐住性子去按鄰居的門鈴，婉轉地要求對方關小音量。因此自我的功能就是協調現實、慾望與理想，以維持心理健康。

「我」的心理發展

剛出生的嬰兒，想吃的時候就要吃、想要玩的時候就要玩，完全不受外在影響，因此嬰兒時期就像本我階段，是一味追求快感的世界。隨著年齡增長，受到雙親的教養及人際互動的形塑，自己不能完全隨心所欲地想做什麼就做什麼，例如：要吃正餐的時間卻要吃零食的話，就會被父母斥責，而慢慢感受到現實環境的束縛，此時自我會從本我發展出來，知道不能一切都隨著快樂原則而行，還必須遵守現實原則的規範。在成長過程中，由於我們會害怕被責罰，為了防止這種不安與恐懼，便會牢記道德準則，自我督促，此時超我便會逐漸成長。

三種「我」所表現的心理運作過程

本我	要求 →	自我	← 要求	超我
代表本能所驅動而產生的慾望,會要求意識中的自我去滿足它。		協調現實、理想及本能慾望的衝突。		代表理想、道德的限制,亦即良心。
依享樂原則行事	← 壓抑或限制	**依現實原則行事**	服從 →	**依道德原則行事**

例如:小明感到肚子很餓,看到麵包店,但身上沒帶錢。

小明心理運作的過程

本我	要求 →	自我	← 要求	超我
去麵包店拿麵包來!		產生偷竊麵包的念頭,同時對於偷竊念頭有罪惡感。		偷竊是不對的行為!
	← 壓抑或限制		服從 →	

依現實情況考量

麵包店內有許多人,偷竊有風險,但肚子仍咕咕叫。

妥協衝突,選擇解決方案

忍住飢餓,快步回家,家中冰箱仍有一些食物可吃。

防衛機制的作用

因為佛洛伊德假設大部分的心靈運作是存在於無意識之中,而生活中充滿著各種會造成心靈感到挫折的事件,因此心靈的運作規則當中必定存在著某種方式,以抒解這些可能造成心靈創傷的事件,「防衛機制」就是佛洛伊德找到的答案。

什麼是「防衛機制」

當人無法實現自己的慾望時,心理會產生挫敗感或不滿,為了擺脫這種低潮,人會有意識或無意識地分析自己不能實現的原因,以便釋懷或轉移對此慾望的注意力,這也是維持健康心理的疏通方式,從這樣心理運作的過程,反應出我們內心裡存在著某種機制,可以排解或緩和無意識中的欲求不滿所引起的不快,以維持心理平衡的狀態。

「防衛機制」就是一種發生在無意識當中的正常心靈運作方式,它屬於「自我」的心靈功能之一;「自我」藉由防衛機制將現實中無法被接受、或是違反道德規範的想法或感覺,用可行的方式加以化解,例如將不愉快的經驗壓抑、或是將之轉化為可被接受的形式、或是強迫性的遺忘。這種意識到不被現實所接受的想法或感覺,主要是來自於受享樂原則操控的「本我」及道德原則操控的「超我」互相碰撞而產生的心理衝突,當心理衝突產生,心理的焦慮或憂鬱感覺會升高,透過防衛機制才得以排解這些心靈痛楚。

防衛機制負責調適心理衝突

為了化解心靈成長過程中可能

遭遇的各種心理衝突,心靈會在有意或無意間透過某些防衛機制來解決或調適精神上的緊張、焦慮、痛苦、尷尬、或罪惡感。不同類別的防衛機制可能會同時在一個心靈之中運作,它也有可能隨著心靈成長而有所改變,因此精神分析學家認為防衛機制的功能之一就是保護「自我」,使之成為一個完整且健康的心靈,簡言之,防衛機制就是心靈的守衛,它存在的目的是為了保護心靈的健康,避免心靈受到外界的傷害。

然而,防衛機制是發自於內的心理現象,它無法改變外在既定的事實或是已經發生的事件,只是改變個人原有的想法,例如:一位女孩對於母親的過世感到非常悲傷,由於過度且過久的憂鬱會影響到她的日常生活,因此「自我」會運用防衛機制以因應此心理創傷,像是產生感應到親人的錯覺、或是經常夢見過世的母親等,以緩和憂鬱的情緒,讓她得以重返正常的生活。雖然防衛機制可以緩解心理衝突,但防衛機制僵化而成為人格的一部分,或是防禦過於極端時,就可能會產生心理疾病。例如:女孩聲稱見到了過世的母親,而相信幻影為真,堅持母親還活著。

常見的防衛機制

分類	防衛機制	意義	舉例
Level I 第一級的防衛機制	利他	透過從事有益於他人的行為,而得到內心的快樂及滿足。	自願從事義工活動。
	幽默	將心理衝突以圓滑不傷害人的方式化解。	因為比一般人還矮小,遇到身高被揶揄時,會自嘲買童裝比較省錢,而一笑置之。
	昇華	將心理創傷轉化為對社會有益的形式。	親人因為罕見疾病過世,而以過世親人的名義成立基金會幫助罹患同樣疾病的人。
Level II 第二級的防衛機制	壓抑	將不能承受的心理痛苦、恐懼等感覺,或是不見容於社會規範的衝動排除在意識之外。	一年前從火災中死裡逃生的人,卻想不起來災難現場的情形。
	轉移(取代、移置)	將內心的挫折發洩在另一個較不具威脅的對象上。	將白天被上司責罵的怒氣發洩在妻兒身上。
	合理化	以一個看似合理的理由緩解心理衝突。	自己一直希望買到的限量公仔,被別人捷足先登了,便不斷告訴自己:那款公仔其實做得並不好,不買也罷。
Level III 第三級的防衛機制	投射	將個人難以接受的情感狀態,像是不良的慾望、衝動、或是挫折歸咎於別人。	自己企畫的商品銷售慘淡,將失敗歸咎於消費者不識貨。
	被動攻擊	以被動的方法攻擊外在客體。	被迫和朋友參加無趣的宴會時,故意拖延出門時間,使得到達會場時已經遲到。
	想像	利用想像的方式滿足自己理想中的願望。	想像心儀的偶像總有一天會和自己交往。
Level IV 第四級的防衛機制	否認	對造成嚴重心理痛楚的事件視而不見。	被診斷為不治之症的人,拒絕承認自己得了絕症。
	扭曲	將外界現實的狀況重新形塑成自己內心想要的樣子。	被愛慕的對象明白拒絕,卻認為對方的表現代表著打是情、罵是愛,而執意覺得對方深愛著自己。
	妄想性投射	將自己心中的罪惡感或失落的原因投射在其他客體上。	一位經商失敗的商人,將失敗的理由歸咎於政府的政策失靈,想像著政府每天監視著他,可能對他不利。

常見於心理健康的人身上,這類防衛機制會將生活中產生心理衝突及挫折轉化為追求心靈成長的動力。

常見於一般人身上,這類防衛機制可以解決個人的短期焦慮或生活挫折,但若使用頻繁,可能會導致適應不良或是日常生活的問題。

常見於青少年身上,因為這類防衛機制通常是脫離現實感且不切實際,若發生在成人身上則被視為不成熟的行為。

屬於不恰當的防衛機制,常見於心理疾病的患者身上,會出現異常或病態的行為及想法。

※防衛機制分類的方法參考自:Vaillant, G. E. (1995). Adaptation to life. Cambridge, Mass.: Harvard University Press.

性心理發展階段

佛洛伊德認為性慾望（里比多）是心靈能源的一切，因此人從出生開始，性慾望階段性的變化及蛻變，反映了心理發展的不同時期；簡言之，佛洛伊德認為人格發展就是此性慾能量的動態變化，因此性慾能量的變化決定著人與外界互動的改變狀態。

性慾能量的變化影響人格發展

佛洛伊德將人類所追求各種慾望滿足的活動都視為「性慾能量」的一種變形，例如：因為饑餓而產生的進食慾望、因便意而產生的排泄慾望等等；也就是說，性慾能量是心靈機器的汽油，心靈成長的不同階段即是這些不同型態慾望的成長改變過程。

佛洛伊德認為心靈成長會經歷追求口唇快感的口腔期、肛門快感的肛門期、性器官快感的性器期（或稱性蕾期）、性慾望被壓抑的潛伏期、及性發展成熟階段的青春期；每一時期的發展，都影響到個體下一個階段的心靈發展，因為每個人的成長過程、環境各不相同，因此性心理發展的經驗也有所不同，而造就每個人在長大後會有相異的人格。

性關注焦點

因為佛洛伊德將各種不同的人類慾望形式皆視為性慾望，所以他提出「性關注焦點」的看法；簡言之，佛洛伊德認為在不同的心靈發展階段，每一種內在慾望的滿足皆有一個相對應的外在身體器官，例如：口腔期的嬰兒用口唇吸吮母親的乳房不僅攝取營養，有時也會爬至母親的懷中去咬母親的乳頭以獲得快感，佛洛伊德認為嬰兒的這種行為是追求性快感的一種型式。（此處所指的性快感是指追求感覺上的快感，非等同於成人受性刺激而使得器官興奮。）

隨著年齡的成長，二至三歲的幼童會將關注焦點轉移到肛門，主要是因為排便的舒暢感可以使他們獲得很大的滿足，此階段稱為肛門期，佛洛伊德認為喜歡肛門性交的人是因為肛門期的心理發展出現問題，也許是此時期所經驗的快感深深地印記在這類人的無意識之中；三至六歲的兒童會將關注焦點轉移至性器官上面，在性器期的他們會喜歡玩弄自己的性器官，例如：強忍著尿，享受尿液釋放出來而產生的快感，在六歲之後到性器官成熟的青春期之間，存在著一段性慾望被壓抑的時期，佛洛伊德稱為潛伏期，這個階段的兒童沒有明顯的性慾望滿足焦點，而是將注意力放在周圍的環境中，主要發展在於和親友的關係上。十二歲之後一直到十八歲左右的青春期階段，青少年開始對於性的接觸感到興趣，生殖機能也逐漸成熟，男女間的區隔更明顯，並出現追求異性、吸引對方注意的行為。

性心理發展的五個階段

階段	年齡	性關注焦點	性慾望滿足行為	發展失敗引起的心病
口腔期	0歲（出生）～1歲半（18個月）	嘴及嘴唇	以嘴為中心的慾望滿足，例如：吸吮母親的乳房或是咬大拇指。	暴食症、嗜煙或口香糖等會引發口唇感覺的上癮物。
肛門期	1歲半（18個月）～3歲	肛門	以肛門為中心的慾望滿足，例如：解便而產生抒解感。	對整潔有強迫性的要求、對肛門性行為有異常性癖好。
性器期	3歲～5歲	性器官	以性器官為中心的慾望滿足，例如：玩弄自己的性器官或藉著忍住尿，享受之後解小便的釋放感。	戀親慾望，像是戀父或戀母情結。
潛伏期	6歲～青春期（12、13歲）	無	性慾望被壓抑，個體關注和外界的互動關係。	此階段發展異常而導致心理病症的情形並不多，若導因於此階段，會出現性慾望很難滿足的情況。
青春期	青春期開始	異性	開始對異性產生性慾望，受生殖的本能所驅使	對性或兩性關係容易產生不滿足，例如：性冷感、陽萎等。

當代精神分析對性心理發展的修正

佛洛伊德以「性慾能量」及「性關注焦點」的假說精簡地闡述人類心靈的成長及人格的形塑，不過當代精神分析對於性心理發展階段做了一些修正，像是艾瑞克森著重於人和環境的互動才是決定心靈成長的關鍵，他保留了佛洛伊德的心靈發展理論，認為即使性發展已經成熟，心靈和外界社會的互動形態仍不斷改變，因此他的人格發展理論是從出生到死亡的每一階段，各有不同的發展任務與心理危機。

生之本能與死之本能

佛洛伊德的本能——驅力理論除了談論到根源於性慾望的「生之本能」，也提及了另一種根源於攻擊及毀滅慾望的「死之本能」。佛洛伊德主張心靈會受到本能的影響，當分析師能夠了解人具有生之本能與死之本能，以及本能的運作方式，就可以適當地解析案主的心靈狀態。

什麼是生與死的本能

佛洛伊德認為由「里比多」（性慾能量，也就是性驅力）所推動、追求性慾滿足的本能是人類與生俱來求生存的基本能力，藉由此種存在於無意識的本我、受「里比多」所驅使的本能，人類得以繁衍並將自己的基因傳至後代，這種求生存、延續、發展個體生命的本能即是「生之本能」，因此像是關愛他人、性愛慾望、愛惜生命……等，都是生之本能的表現。

相對於建設性的「生之本能」，人類還具有破壞性的能力，佛洛伊德稱為「死之本能」；死之本能可被看做一種緩解內在壓力或緊張狀態的外在表現，當人受到外界的威脅或是迫害，便會產生內在的緊張及焦慮感，「死之本能」是緩解這種焦慮的「本我」表現，且是「自我」功能的動力來源之一，此種同樣存在於無意識的本我之中、由攻擊及毀滅慾望所驅動的本能，經過自我表現出來即為恨意、侵略、自殘、殺人等行為。

生死本能之間的消長

佛洛伊德提出人類與生俱來的本能同時存有「生之本能」與「死之本能」，也就是無意識的「本我」裡會同時有想要活下去與想要傷害自己或別人的慾望，因此人類的行為與心理具有雙面性。按照「我」的結構理論，人類的原始本能乃源於「本我」的自發性行為，外界環境的刺激決定著本我會表現出生之本能或死之本能，在外在壓力低或是無壓力的情況，人大多時候表現出生的本能，但在面臨高壓的情況，像是在戰場上的士兵，則會表現出死的本能，然而「本我」所支配的本能並不會直接展現，它會受到「超我」及「自我」的調節。

例如：突然出現的競爭情敵會使人產生焦慮的心理，對情敵的優點感到嫉妒就是一種「死之本能」的內在表現；除了外界的刺激會激發「死之本能」，自己內心的反饋也會引發「死之本能」，例如：對情敵的嫉妒心過於強烈且對自己的優點過度沒有自信，「本我」可能會產生想要殺了情敵的極端衝動，但「自我」的現實原則（殺人是犯法的，會被處以極刑），及超我的道德原則（奪取他人性命是不對的，會受到良心的譴責）會抑制此「死之本能」的衝動，也使得內心產生衝突，引發了「死之本能」的焦慮心理，而向外表現為和情敵產生肢體衝突，或是向內表現出自殘的行為。

生之本能與死之本能的表現

生之本能與死之本能並存於無意識之中

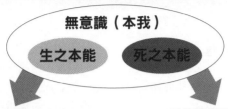

無意識（本我）

生之本能　　死之本能

無壓力或低壓力的環境下　　　　受外界強烈刺激下

大多展現生之本能，例如　　　　出現死之本能
延續生命、愛慾表現

死之本能

因出現威脅、危險、壓力等情況，會引發死之本能的衝動。

 情敵出現，死之本能讓自己產生嫉妒心。

情敵出現
觸發死之本能
產生敵意
死之本能運作

內心本我的反饋

除了外界刺激，內心的反饋更加強了死之本能。

 在內在本我的慾望加強了妒意，而想殺死對方。

本我
內心的嫉妒與
無自信加強死
之本能的衝動

死之
本能 ➡ 殺人

受超我與自我的抑制

本我產生了想要殺死對方的衝動，但受到自我（現實原則）和超我（道德原則）的抑制。

例如 內心出現殺人是不被社會容許的想法。

不可以！

本我

不可以！

超我
殺人會使良心不安

自我
殺人會被處極刑

化解焦慮的作為

死之本能的衝動受到抑制，而產生焦慮，為化解心理焦慮，死之本能向外表現出攻擊或向內表現出自殘行為。

例如 和情敵大打出手，或是割腕自殺。

向外
表現　死之
本能　向內
　　　表現

攻擊對方　　　　　　　自殘

客體及客體關係

人從一生下來，就不可能斷絕一切關係在世上獨自生存，了解心靈的運作方式之外，還必須知曉其他可能和心靈互動的對象，因此「主體」及「客體」的區分應運而生。

精神分析中的客體

心靈現象是一個完全抽象、形而上的概念，它不存在於任何物質之中，但人類或是高等動物可藉由認知活動表現出心靈的運作，讓我們了解到心靈的存在；精神分析的研究焦點即為心靈現象，稱之為「主體」，也因為心靈的抽象特性，相對於此主體的客體成為一個極度複雜的概念。

精神分析中所討論的客體可以是一個有形的物質，例如書本，或是有形的心靈運作載體，例如狗、貓、或是另一個人類；然而，客體也可以是承載主體的身體，或是主體的一部分。舉例來說，當我們視某個人的心靈運作為主體時，他的身體可以是相對於心靈的客體；當我們討論某個完全由本我操控的嬰兒心靈時，本我即為主體，而嬰兒微小的超我則是相對於本我的客體。

由主體認知的客體關係

客體是一個建構於心靈相對性的抽象概念，因此並非所有表面上相對於主體的人、事或物皆可稱為此主體的客體，佛洛伊德介紹了幾個和客體相關的重要概念：「客體選擇」及「客體關係」。

「客體選擇」是指一個客體形成的過程，當某一個主體之外的人或物，對於此主體心靈形塑有其心理上的重要性，主體將之認定為客體的過程稱為「客體選擇」；「客體關係」則是指主體和客體互動時所表現的行為或態度。舉例來說，如果一名新生兒因為親生母親無力撫養，在初到這個世界時就交由收養家庭照顧，嬰兒就不知道撫養他的人並非生母，相對於此嬰兒的心靈，他的生母就不會是客體，他與生母之間也不存在有「客體關係」，然而如果在他生命中的某個時期，得知自己並非由親生母親所養育，則此主體心靈可能會發生「客體選擇」的過程，即使他可能從未見過生母有形的身體或面貌，但他的心中會形塑出一個客體母親而產生「客體關係」。

客體關係形塑人格

個體在心靈成長的過程中會與外界客體（他人）產生互動，並自然而然地受到客體的影響，形成了個人的知覺感受以及和其他人的關係，因此客體關係即人際關係，使個人的心靈（主體）在與他人（客體）的互動中，形塑出自己的人格與待人處世的

方式。在生活中我們會和各式不同的客體的產生「客體關係」，例如：父母、朋友、家的概念、學校的概念……等，都會在主體心中形成一個內在表徵，可能是「好」或「壞」的表徵，這些落差衝突會影響心靈（主體）成長，而主體化解這些衝突的方式決定著人格發展的方向。

客體選擇與客體關係

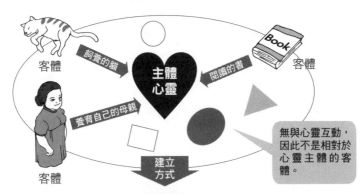

無與心靈互動，因此不是相對於心靈主體的客體。

客體選擇

對於形塑主體的心靈有其重要性的人或物，主體將之認定為客體的過程。

例如 一名新生的嬰兒，因生母無力撫養，交由收養家庭照顧，養母就是直接影響嬰兒成長過程的人。

照顧撫養

嬰兒＝主體

養母＝客體

養母為相對於嬰兒主體的客體，養母與嬰兒存在著客體關係。

生母≠客體

嬰兒＝主體

若嬰兒主體一出生就被領養，不知生母的存在，生母與嬰兒不存在著客體關係。

形成客體關係

主體和客體互動時所表現的行為或態度，決定主體日後的心理與人格發展。

未能形成客體關係

不存在的客體對形塑主體心靈而言不具影響力，兩者之間無法有客體關係。

前伊底帕斯階段

在發展出戀親慾望階段之前的心靈被稱為「前伊底帕斯階段」，此時嬰兒心靈完全由本我所操控，而表現出自我中心的自戀型性格；著重客體關係的學者認為此階段除了本我中心外，母親的角色亦扮演影響嬰兒心靈成長的重要關鍵；因此又稱為「兩人階段」。

影響超我形成的原始自戀

佛洛伊德認為剛出生的嬰兒是一個完全由本能所驅使的本我心靈，初生嬰兒除了完全依照享樂原則來行動外，他還是一個極度自戀的個體，佛洛伊德使用原始的自戀來形容此種心靈狀態；「原始自戀」或稱為「正常自戀」的心靈運作，造就了「理想自我」的形成，當「理想自我」到了下一階段（伊底帕斯階段）和父親及母親產生互動後，此互動經驗就會發展為嬰兒的「超我」。

「原始自戀」除了是影響超我形成的重要發展過程外，它還是發展他戀心靈的重要準備階段，如果「原始自戀」發展階段沒有準備適當，在進入伊底帕斯階段後，個體可能就會發展為自戀型人格，導致個體很難和他人發展正常的人際關係。

兩人階段

異於佛洛伊德的想法，重視客體關係的學者認為初生嬰兒並非是一個完全由本我占據的心靈，還包含了一個原始的自我會和客體互動，而此客體大多時候就是母親。

在前伊底帕斯階段，因為與自我互動的客體之中，鮮少有客體可以總是給予正向的感覺，原始的自我會處於一個矛盾的心理狀態，例如，客體母親雖然大部分是給予溫暖、食物及撫慰的「好」客體，但也可能是給予挫折、忽略及冷漠的「壞」客體；也就是說，心靈中「好母親」的象徵和給予挫折的現實「壞母親」是來自同一個對象，使內心對母親的印象產生不一致，這種感覺上的落差會導致自我感到憂鬱，因而產生了「憂鬱型焦慮狀態」（這不是指疾病上的憂鬱，而是對幻想與事實的差距感到悲哀，或是對所愛的人出現攻擊想法的愧疚）。

原始自我必須能適當地調適此種心理衝突，將「好」客體的運作方式內化至自我的心靈之中，並將「壞」客體分離出來，以學習理論來比喻就是模仿父母的好行為，並且以較健康

什麼是理想自我？

「理想自我」是指嬰兒最初對自己形象的建立，因為佛洛伊德假設嬰兒早期尚未遭遇任何外在挫折，所以對自我心靈的知覺為一個理想的整體。

的方式來面對父母暫時性的分離或冷落，藉此原始自我可以發展出健康的「憂鬱型焦慮狀態」以面對下個發展階段的問題。

兩種觀點的前伊底帕斯階段

前伊底帕斯階段
出生至2、3歲之前的嬰兒

初生的嬰兒

佛洛伊德觀點

完全的自我中心
初生的嬰兒心靈完全受本我驅使，全憑本能行事。

嬰兒心靈

本我

此為「原始自戀」的狀態

發展任務①

形成超我
形成「理想自我」，在伊底帕斯階段，與父母互動並受父母形象的影響，逐漸發展出「超我」。

父親影響	
例如	父親以嚴格的斯巴達教育方式來教養

理想自我 +

母親影響	
例如	總是順從父親指示的母親

= 嫉惡如仇的超我 / 成長後的自我

發展任務②

發展出他戀心靈
從「原始自戀」逐漸轉向與他人發展人際關係，造就健康心理。

客體關係學派觀點

自我中心及尋求客體的互動
初生的嬰兒除了呈現自我中心外，原始自我會尋求與客體（母親）的互動。

客體母親
（早期照顧者）

互動

嬰兒心靈

原始自我

本我

發展任務①

認知「好」客體及「壞」客體
在與客體的互動中，感覺到好客體與壞客體的存在。

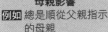

「好」客體＝溫柔、關愛自己的母親

「壞」客體＝不理自己的冷漠母親

發展任務②

認同「好」客體，分離「壞」客體
自我為保持心理平衡，必須將好與壞的經驗分開，以發展健康心理。

伊底帕斯階段

佛洛伊德認為戀親情結的固著是許多精神官能症的根源，他用希臘神話中的伊底帕斯故事做為比喻來說明戀親情結的心靈運作，因為受父權社會思想的影響，佛洛伊德對於小女孩的戀親情結理論，成為後代女性主義者強烈批評的焦點。

伊底帕斯情結的由來

伊底帕斯是古希臘劇作家索福克勒斯筆下的悲劇人物，他是底比斯王的兒子，因為神諭預言這孩子長大後會弒父娶母，所以他剛出世就被父親棄養，但幸運地被人救起送給鄰國的國王收養，長大後的伊底帕斯卻在不知情的情況下，殺了親生父親，並娶了親生母親。佛洛伊德借用此神話比喻小男孩的性慾望發展，在三～五歲的伊底帕斯階段，小男孩會希望父親消失甚至死亡，藉以取代父親的位置以得到母親全部的愛，然而在小男孩眼中全能的父親是一個可怕的威脅，使他產生被閹割的焦慮。

相對於小男孩的戀母情結，佛洛伊德認為小女孩也有類似的性心理發展，產生崇拜父親並渴望取代母親位置的心理，即戀父情結，但焦慮的原因有所不同。當小女孩意識到自己沒有像男孩子一樣的雄性性器官，會覺得自己是因為做錯事而遭到閹割並失去了權勢，除了妒忌並羨慕男孩子有雄性性器官外（陽具欽羨），也會埋怨母親為何沒有給她同樣的器官。為了化解這種天生被閹割的心理衝突，小女孩藉由認同母親，將缺乏雄性性器官的失落轉為寄託於未來，冀望於可以得到比陽具更大、更好的權勢象徵，即能夠生個小嬰兒。

性心理發展的重要階段

無論是男孩還是女孩在最初生命的發展階段，母親是最先照顧自己、給予安全感的人，因此都將母親視為愛的對象，而父親為競爭對手。但到了伊底帕斯階段，也就是三至五歲的幼兒（性心理發展階段的性器期），會開始向外界尋求愛的對象，由於他們的生活圈有限，因此不可避免地會在與自己最頻繁接觸的親人當中找尋愛的對象，兒童會發現父母中同性的一方會是自己的競爭對手，而產生對立的情緒，表現出不聽話的行為。

經過伊底帕斯階段後，幼兒才確立了對於自己性別的定位及角色的認同，但尚屬萌芽階段，必須到青春期之後才算完成，然而若不能安然度過萌芽期，未來在人格方面可能就不健全，因此伊底帕斯情結被視為一項性心理發展的重要任務。像是小男孩必須能夠將對父親的敵意轉移為認同父親的力量及權勢，並將對於母親的愛戀轉移為對其他異性的愛戀；若此階段對父親的認同及對母親愛戀無法移轉成功，反而被壓抑至無意識之中，則會發展為潛在的心理病因。

戀母情結及戀父情結

伊底帕斯階段（3～5歲的幼兒〔性器期〕）

此時期的兒童會對異性的雙親產生愛戀，表現出親暱和依戀，卻將同性的雙親視為競爭對手而抱有敵意，表現出疏遠、討厭的態度。

父親　　母親　　　　　　父親　　母親

敵對　愛戀　　　　　　愛戀　敵對

小男孩　　　　　　　　小女孩

戀母情結　　　　　　　**戀父情結**

閹割焦慮　　　　　　　陽具欽羨

小男孩認為父親是強大的威脅，自己有被閹割的恐懼。　　小女孩發現自己沒有男性生殖器，而對母親產生不滿。

為了避免衝突，開始迎合父親，並希望獲得競爭對手的原諒。

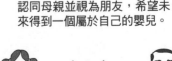
健康轉移的過程

想要取代母親在父親的心中位置，開始模仿母親，希望能超越母親。

轉而認同父親，崇拜父親的男子氣概和舉止。並將對母親的愛戀轉移至其他異性。　　認同母親並視為朋友，希望未來得到一個屬於自己的嬰兒。

　解除對母親的愛戀　　　　解除對父親的愛戀　

母親　　　　　　小男孩　　　　小女孩　　　　　　父親

Chapter 3
不同的精神分析學派及觀點

精神分析學派又被稱為「心理分析學派」，是一八九六年佛洛伊德首次提出「精神分析」一詞後逐漸形成的一門學派。然而早期精神分析的發展常依附在某位分析師的思想上；由於各個分析師所處的時代背景相異，因此不同的分析師對精神分析的理論架構與運用方法也持有不同的觀點，而自成一門精神分析學派的學說。在這種特殊的學說發展背景下，佛洛伊德雖然被視為精神分析學派的創立者，但他過世後，新的學派也隨著新的思想及後繼分析師而誕生。

學 習 重 點

❖ 古典精神分析學派的主要論點為何
❖ 什麼是兒童精神分析
❖ 自我心理學的研究重心是什麼
❖ 拉岡學派的觀點有何不同
❖ 認識客體關係理論
❖ 自體心理學強調的重點為何
❖ 精神分析是被如何應用在其他研究領域上

古典精神分析學派對心靈的看法

以佛洛伊德為代表的「古典精神分析學派」也稱為「佛洛伊德學派」。此學派的主要理論深受十八世紀歐陸學者的影響，如：黑格爾的唯心觀點、及笛卡兒的大腦松果體是心靈所在位置的假說，而創始人佛洛伊德的重要理論概念有以下四點：

①**無意識的存在**：無意識的概念改變了傳統上對於心靈的看法，佛洛伊德之前的哲學家例如笛卡兒，主張人類是全理性、有自知之明的生物，但無意識理論促使人們覺察到人類心靈存在著非理性、不自覺（無意識）的元素。

②**性本能是人類精神活動的核心**：佛洛伊德將性本能（里比多）視為心靈運作的核心動力，認為任何心理活動都是為了追求性的滿足而由性所驅動（動機來源），泛性論被用來解釋人格的形成及心病的成因，此點遭到世人的強烈質疑及挑戰，不少精神分析學的後繼者對於泛性論也做了相當程度的修正。

③**將心理結構分為本我、自我與超我**：這是佛洛伊德所提出的人格結構，分別是：存在於無意識之中，由享樂的本能操控的本我；存在於意識層面中，協調現實、慾望與理想的自我；以及理想滿足及追求道德圓滿的超我，三個我之間互相牽制及影響，使人表現出種種決策與行為。

④**生死本能的提出**：佛洛伊德之所以認為性是人類心靈活動的動力，因為他認為性活動是物種存續的重要關鍵，因此性本能就是人類生存的本能，而死之本能則是在他的晚年，即一九二〇年之後才正式提出，因為他所接觸的臨床經驗和經歷一次世界大戰的殘酷，促使他主張人類的本能亦包含了毀滅及破壞的部分。

佛洛伊德的泛性論

在佛洛伊德的理論中，引起廣泛討論及最為人熟知的就是性本能的理論。如同汽車需要汽油做為動力，佛洛伊德認為心靈亦需要能量來維持運轉，此能量來自於生物無意識之中追求物種存續的本能——性慾望（里比多），泛性論假說成為古典精神分析理論的根本，因此人類心靈的運作，舉凡成長、發展、與外界互動，乃至於心理疾病都和性慾望有關，佛洛伊德的「性心理發展」的五階段理論（詳見46頁）就是一個著名的例子，

佛洛伊德對心靈的想法

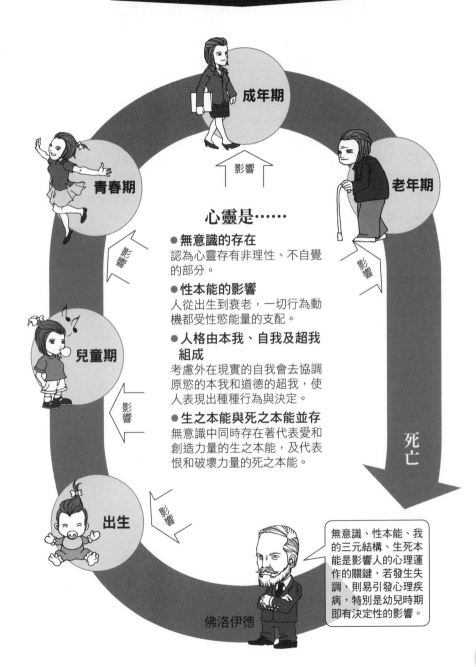

成年期

青春期

老年期

影響

心靈是……

● **無意識的存在**
認為心靈存有非理性、不自覺的部分。

● **性本能的影響**
人從出生到衰老，一切行為動機都受性慾能量的支配。

● **人格由本我、自我及超我組成**
考慮外在現實的自我會去協調原慾的本我和道德的超我，使人表現出種種行為與決定。

● **生之本能與死之本能並存**
無意識中同時存在著代表愛和創造力量的生之本能，及代表恨和破壞力量的死之本能。

影響

兒童期

影響

死亡

出生

影響

佛洛伊德

無意識、性本能、我的三元結構、生死本能是影響人的心理運作的關鍵，若發生失調，則易引發心理疾病，特別是幼兒時期即有決定性的影響。

他認為性慾望在嬰兒時期就已經存在，只不過是以間接的型式表現。

泛性論之所以在古典精神分析學派如此重要，有兩點原因，第一、泛性論指出心靈是抽象的概念，它不以物質的形式存在；第二、性慾望是心靈運作的動力來源，當心靈機器失去了動力，停止運作，我們便無從觀察到它的存在；因此古典學派所有的概念都和性慾望有所關連，例如個體心靈的外在表現，是根源於追求性慾望滿足的本我和超我及自我互動的結果。

古典精神分析學派和其他學派的關係

過度強調性慾望的泛性論從提出開始，便受到外界不斷地挑戰，例如要說服世人相信嬰兒的心靈存有性慾望就是一件艱難的工作，較早的精神分析學派的後繼者改變了精神分析學的討論焦點，不以性慾望為理論重心，例如：自我心理學者強調自我功能的展現與消長左右了心理健康，而晚期的後繼者則根本改變了泛性論的動機說，主張動機不全是性慾望所主宰，例如：客體關係理論學者認為追求與外界客體的互動才是心靈動機的來源；自體心理學者則認為心靈運作是為了尋求一個完整圓融的自體。

佛洛伊德的思想影響後世研究

然而，當我們談論心靈理論時，還是會使用一些特別的語彙，例如：無意識、退化、壓抑、固著及本我、自我、超我等等，這些將心靈如同器械般分解描述的特殊語彙，事實上最早都是由佛洛伊德所提出。時至今日，精神分析的工作者仍然會使用這些詞彙來論述心理現象，雖然今日的精神分析理論已大不同於佛洛伊德的時代，性心理發展理論及性慾望理論也做了相當程度的修改，但無可否認地，今日的精神分析所用的語彙，乃至於精神醫學用來描述精神疾病的專有名詞，有許多都是源自於佛洛伊德的發明及創見。

佛洛伊德對精神分析學派的影響

間接影響 ⇨
直接影響 ⇨

阿德勒
個體心理學

認為心靈成長是為了追求個體的唯一性及完整性。

榮格
分析心理學

強調人類的宗教、夢及神話等集體無意識，是影響個人心靈的關鍵。

新佛洛伊德學派

修正佛洛伊德的部分理論，不強調性與攻擊驅力，注重社會文化經驗對人格的影響。代表學者有弗洛姆、荷妮等。

寇哈特
自體心理學

由寇哈特在美國創立，主張心理疾病是因為心理發展的缺陷而非內在的心理衝突所造成。

佛洛伊德

分離

分離

創立

拉岡學派

拉岡認為美國的主流精神分析學（自我心理學）只注重佛洛伊德追求自然科學的客觀性，卻忽略佛洛伊德所重視語言與對話的人文性，因而主張回歸佛洛伊德，詮釋其文本。

古典精神分析學派
（佛洛伊德學派）

克萊恩
克萊恩學派

1940年代分立

安娜‧佛洛伊德
自我心理學

探討「自我」功能的展現及防衛機制的表現，才是了解心理問題的關鍵。

克萊恩學派

提出憂鬱型焦慮及妄想型焦慮理論，認為調適這兩種心理狀態是形塑健全心理的關鍵。

客體關係學派

強調人際互動的成長經驗形塑心靈，區分「主體」及「客體」的概念。

兒童精神分析

由於佛洛伊德的精神分析學說大多是根據他對成年人心靈現象的觀察及推論而來，即使他對於兒童的心靈發展有所著墨，但似乎欠缺證據；他的女兒——安娜繼承了父親的想法，致力拓展這塊佛洛伊德尚未碰觸的領域；另一位曾向佛洛伊德及他的同事學習精神分析的學者克萊恩，也努力專研兒童心理問題。

安娜・佛洛伊德的研究

依循佛洛伊德學說的基本假設，安娜・佛洛伊德在一九三八年之後繼承佛洛伊德的衣缽，在倫敦成立兒童的精神分析機構及學校。她認為兒童擁有一個尚未完全成熟的心靈，因此像自由聯想、夢的解析這種探索成人無意識的精神分析方法，無法適當地了解兒童的心靈，因為一方面兒童的語言表達能力有限，另一方面要讓他們明白治療的目標和意義並不容易，因此精神分析中用以分析成人無意識的方法並不適用於兒童。安娜・佛洛伊德認為分析師要以一位成熟照顧者的立場，從旁以自然觀察的方法，仔細分析兒童在遊戲或家庭訪問中表現的情形，以了解兒童的心靈狀態。

安娜以「發展線」的概念來比喻兒童的心靈成長。「發展線」的理論強調心靈成長是連續性且具累積性的過程，她認為外在環境因子和內在心靈因子（本我、自我和超我的互動）的相互影響決定了兒童在發展線上的位置，也就是心靈成長的階段到哪個程度。心靈發展雖然大部分時候是向前邁進，但也可能會有倒退的情形發生，當兒童面對超過目前所能負荷的難題時，就可能退回到之前的發展階段以做為因應之道，例如：一位容易怯場的小朋友，得知明天在幼稚園要上台表演音樂劇，到了表演當天，他就假裝生病、或表現得像個小嬰兒般無理取鬧而拒絕上學，但隔天卻又恢復正常。

克萊恩的觀點

克萊恩也是佛洛伊德學說的繼承者之一，她和安娜一樣也是在英國開花結果的兒童精神分析師，她從兒童精神分析的經驗當中，發展了和佛洛伊德學說相異的看法，並成立新的學派。異於安娜・佛洛伊德的想法，克萊恩認為兒童並非成人的縮小版本或是未成熟的狀態，她認為兒童擁有獨特的心靈結構，並主張兒童會透過遊戲的方式，傳遞出無意識的幻想及焦慮，兒童的遊戲可以等同於成人的自由聯想，因此分析師需藉由異於成人的分析及詮釋方法，才能解析兒童的心靈狀態，「遊戲治療」便是她所發展的其中一種了解兒童心靈的技術。

雖然安娜和克萊恩都是兒童精神分析的創立者，也都重視遊戲的使用，但兩人的基本觀點不同，安娜將遊戲視為使兒童接受分析、並與分析師建立一種正向情感關係的方法，她並不主張直接去詮釋兒童遊戲的潛在意義，因此最終是由克萊恩將遊戲治療發展成為有系統的分析方法。

對兒童精神分析的不同觀點

安娜‧佛洛伊德	VS.	克萊恩
兒童的心靈尚未成熟,不適於一般精神分析方法。	心靈狀態的假設	兒童擁有獨特的心靈結構,只要以適當的方法就可以分析兒童的心靈。
兒童的心理防衛機制尚未成熟,只要透過仔細觀察便可了解潛在心靈衝突。	兒童無意識假設	兒童的心靈是異於成人的另一種無意識型態,須以特殊方法來了解兒童的無意識。
自然觀察法	精神分析的方法	遊戲治療技術
認為兒童的遊戲大多不具象徵意義,而是有意識地重複最近的經驗,將遊戲視為治療師與兒童建立正向關係的方法。	對遊戲的看法	認為兒童的遊戲具有象徵意義,能表現兒童無意識的幻想、焦慮和防衛。
以教育的方法導正兒童的心理問題,使兒童返回正常的發展階段上。	精神分析結果的詮釋	直接詮釋兒童遊戲的意義,再依據分析的結果,解決兒童的心理衝突。
提出「發展線」概念,用以評估、診斷兒童在每一階段的發展是否有異,並注重環境影響的反應。	對兒童心靈發展的貢獻	關注兒童早期階段內在世界的變化,特別是與主要照顧者(母親)的互動情形,提出客體關係理論。

自我心理學

安娜‧佛洛伊德繼承並引申古典精神分析學說的本我、自我和超我的三元心靈結構，認為「自我」是決定心理健康的重要因素，心理疾病的發生端視「自我」功能的良窳，以及「自我」在心靈發展歷程中所習得到的運作方式是否能恰如其分地協助個體適應現實生活，透過對「自我」的深入探討，安娜‧佛洛伊德促成了自我心理學學派的創立。

自我功能左右心理健康的狀態

佛洛伊德的「我」的三元結構模式，將「我」分為「本我」、「自我」及「超我」。考量現實環境而活動的「自我」是做為平衡無意識中代表本能慾望的「本我」、及代表道德要求的「超我」的現實；佛洛伊德還發現要處理心靈衝突必須藉由防衛機制（例如壓抑）來解決，且防衛機制正是「自我」的主要功能之一。安娜則進一步承襲和發展其父佛洛伊德關於「我」的三元結構及防衛機制理論，但不同於佛洛伊德將對「本我」的探討做為精神分析治療與理論的起點，安娜更重視「自我」功能的展現，也對自我心理學的創立有了重要貢獻。

有別於古典精神分析學派著重於心靈的無意識問題（本我及超我），自我心理學派主張研究心靈現象必須著重在「自我」的描述及觀察，強調人類的心靈現象主要是「自我」依照其所擁有的功能，協調本我及超我，並和外在環境互動之後所表現出的結果。因此，透過對「自我」功能的評估，精神分析師得以推測個體的無意識內涵及其心理健康的狀態。

防衛機制的調適作用

「自我」會透過「防衛機制」

調節來自於「本我」的慾望滿足訊號、「超我」的道德遵守訊號及「自我」所面對的現實情形，從而達到心理平衡的狀態，例如：將不愉快的經驗壓抑、扭曲；或是選擇性地遺忘不愉快的片段；或在公司遭遇到上司的責罵，將心中的怒氣發洩在其他的對象身上。換句話說，防衛機制是「自我」用以化解心理衝突的一種方式，使「自我」可以協調內心與現實的差距，維持心理平衡。當此平衡是毫無心靈衝突的狀態時，個體會擁有一個健康的心靈；但當此平衡狀態是藉由壓抑的方法，將「本我」、「超我」及「自我」的衝突暫時化解，則會造成潛在的心理病症；當這種脆弱的平衡狀態再度遭遇到其他的心靈衝突時，則表現出心理疾病的症狀。

自我心理學主要探討的焦點在於，不同的「自我」會如何運用「防衛機制」來調適種種可能的心理衝突，例如面對被橫刀奪愛的情形時，某甲採取了玉石俱焚的做法，殺害了情敵及愛人、並傷害了自己，而某乙選擇了自絕於社交生活一段時間。前者展示出「自我」功能不張的情形，使得「本我」（為了滿足慾望而不擇手段的傷害他人）及「超我」（意識到後果後，道德上的自責而自我傷

害）直接表現出來；後者則展示了「自我」運用了防衛機制調節此心理衝突的情形。根據自我功能而提出的「防衛機制」概念，在安娜・佛洛伊德的積極擴展下，後來成為精神分析學說中重要的一環。

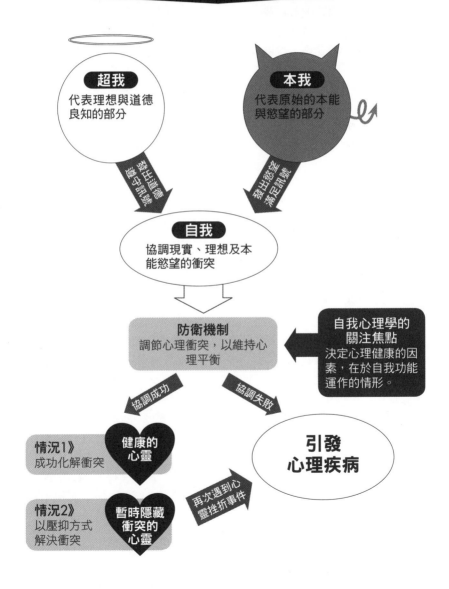

自我如何影響心理健康

超我
代表理想與道德良知的部分

本我
代表原始的本能與慾望的部分

發出道德遵守訊號

發出慾望滿足訊號

自我
協調現實、理想及本能慾望的衝突

防衛機制
調節心理衝突，以維持心理平衡

自我心理學的關注焦點
決定心理健康的因素，在於自我功能運作的情形。

協調成功

協調失敗

情況1》
成功化解衝突

健康的心靈

情況2》
以壓抑方式解決衝突

暫時隱藏衝突的心靈

再次遇到心靈挫折事件

引發心理疾病

在六〇年代自我心理學盛行的氛圍之中，精神分析學界的焦點逐漸地從無意識的「本我」轉向現實的「自我」，但同時期的法國學者拉岡反對自我心理學的心理治療觀點，他以新的角度詮釋心靈的發展，說明意識的「自我」只是幻覺，無意識才是精神分析的焦點所在。

「自我」是無意識的幻覺

　　自我心理學派認為強化「自我」是達到健康心理的途徑，換句話說，藉由可意識的「自我」來控制無意識中慾望本能的「本我」與道德良心的「超我」，並協調外在現實的要求，即可成就健康的心理。相反地，拉岡認為「自我」是不可能被了解的無意識，因為自我本身就是由無意識產生的幻覺，所以根本沒有真實自我的存在。

　　拉岡主張，了解到現實的「我」（即透過內省法可以體會到的自身心理狀態，也就是古典精神分析學派的「自我」）是由無意識產生，以及體認到「我」與「非我」的分離概念（此處的「我」是指主體，而「非我」是指他人或鏡中影像所形成的自我概念，相近於客體關係理論的「客體」概念），才是達到健康心靈的根本之道。

初生的心靈

　　拉岡認為對於剛出生的嬰兒而言，他並沒有「我」是一個「主體」的概念，也沒有外界的物或人是「客體」的概念，他甚至不知道自己的身體是一個完整的個體。拉岡認為一名

新生兒僅有「需求」的概念，而他的一切行為或是心靈運作皆是因為有所需求而驅使的，例如當他覺得饑餓，會向母親索取食物；當他覺得缺乏安全感，則向母親索取擁抱或撫慰，因此拉岡學說中的新生嬰兒的心靈只是一個由需求、以及能滿足需求的物質所組成的心靈世界。拉岡據此提出「鏡像階段」，說明人在成長過程中，如何形成「主體」的概念。

鏡像階段

　　當嬰兒出生後的六到十八個月左右，視覺能力逐漸發達，但手腳的協調能力還不成熟，不能走路或自行站立，在他人的抱持下，嬰兒從鏡中看到自己，開始可以分辨自己的身體和其他外在物質的不同，此時他才可以意識到「非我」的概念，拉岡稱之為「鏡像階段」。雖然此階段中，嬰兒仍然沒有一個完整的「我」的概念，但他已經可以覺知外界有些物質或心靈狀態並非屬於自己的，例如當他有需求需要被滿足時，母親並非總是給予回應（因為「我」應該不會拒絕自己的需求），他開始意識到母親屬於「非我」，這種感覺導致嬰兒產生了一種分離的焦慮，他開始意識到自己

拉岡觀點的心靈發展

年齡	階段	心靈運作	心靈狀態	舉例
出生至六個月	需求階段	由「需求」及「滿足需求的物質」所組成的世界。	認為自己跟世界是一體 一個完整的心靈狀態。	整日睡覺的嬰兒，感到飢餓或需要他人照顧時，就向外界索求。
出生至六個月	分離階段	意識到「需求」不一定可以被滿足。	片段的我 非我 「非我」是存在的，仍不知道「我」的存在。	有時哭鬧沒有得到外界回應的嬰兒，體認到外界一些「非我」的存在。（因為「我」應該不會拒絕自己）
六個月至十八個月	鏡像階段	透過鏡中自己的影像認知到「我」是一個完整的人，但誤認鏡中的影像為「我」。	我 非我 覺知「我」及「非我」的存在。	嬰兒第一次看到鏡中的「我」，認為那個影像就是自我（心靈狀態的實際存在），拉岡學說認為這個自我不過是幻覺，真正的我仍在無意識之中。
十八個月到四歲	語言符號階段	體會到和實體分離的抽象心靈概念是建構在語言符號之上，例如「我」的概念不只是指自己的身體，還指思想上的運作。	我 非我 進一步、更清楚地區隔「我」和一切「非我」。	幼兒逐漸獲得使用語言的能力，因為語言可表示抽象及實體的概念，藉由語言的表徵概念，協助個體建構出「我」和「非我」的界限。

的世界並非一個完整的世界，而是存在著許多他無法控制的「非我」。

嬰兒除了意識到其他的「非我」存在外，在嬰兒的心靈中，他認為自己只是一些散亂的身體零件，若沒有透過其他工具，他的雙眼只能看到自己身體的部分，例如手或腳。當嬰兒第一次從鏡中看到完整的自己，他發現鏡中的自己和過去眼中看到的其他人一樣是一個完整的人，此時母親告訴嬰兒，這個影像就是他自己的樣子或指著鏡中的影像呼喚嬰兒的名字，嬰兒會錯誤地認為鏡中的影像就是他自己，並產生了這個幻覺。拉岡認為這個影像就是從「我」所分離出來的「自我」，換句話說，心靈仍然是存在於無意識之中，意識中的「自我」不過是照鏡子所看到的影像，它只是個幻覺。

建立主體概念

隨著嬰兒的肢體動作愈來愈協調，可以看見鏡中的影像會隨著自己的動作而變化，之後嬰兒能夠辨認出鏡像就是自己的影像，區分出「我」為主體，「非我」為客體，而「我」可以主導鏡中的「非我」做任何動作，也就是他做什麼動作，鏡中的自己也做什麼動作，通過鏡像階段後，藉由確認「非我」的存在，進而了解自己與周圍環境是有所分別的關係，而非整體的關係，並逐漸發展「以我為主」的意識，也就是說，鏡像階段是每個人建立自我的初步階段。

拉岡學派認為「自我」就是「鏡中之我」，是他人眼中的「我」，或是我們想被別人所看見一種「我」，因此鏡像階段中嬰兒對自我的認識，是一種想像性的認識。嬰兒在十八個月大後，逐漸掌握並習得語言，結束了鏡像階段以想像做為了解這個世界的主要工具，邁入可以區別你、我、他概念的階段，也開始使用語言符號來了解自己及周遭的世界，並確認語言中「我」的主體位置。

鏡像階段的發展

階段1

第一次照鏡子，將影像視為真實

嬰兒初次看到自己在鏡子的影像，以為鏡中的自己是一個可以與自己互動的玩伴，而無法區分自己、自己的影像、他人、他人的影像這之間有什麼差別，這時期的幼兒將自我與他人混淆。

階段2

能區隔影像和真實的差別

嬰兒能區隔鏡中影像和真實他人的不同，例如和媽媽一起照鏡子的嬰兒，他能分辨身旁的媽媽和鏡中媽媽的影像是不同的，但嬰兒還不認識鏡中自己的影像就是自身的投射，也就是還不認識自己。

階段3

形成「自我」的概念

嬰兒照鏡子時已經發現鏡像就是自己的影像，他做什麼動作，鏡中的自己也做什麼動作，能區分出在照鏡子的「我」為主體，鏡中自己的影像是客體，於是對影像產生認同，完成對自我的辨認。

通過鏡像階段，人完成建立自我的第一步，但是鏡像階段的自我，只是嬰兒身體反射的影像，是一種想像性的認識。

拉岡

客體關係理論

佛洛伊德在一八九五年就使用了「客體」一詞,來表示任何非主體的人或物,但他將精神分析的焦點放在本我及無意識之中,並沒有對客體多加討論,後繼的精神分析師例如克萊恩卻有不同看法,她將客體的觀念視為影響心靈成長的重要因素,造就了客體關係理論的出現。

客體關係理論的慾望觀點

佛洛伊德以本我、自我及超我組成一個完整的「我」,這個「我」可稱為「主體」,而「我」之外的任何心靈或物質則稱為「客體」。客體關係學家認為人類確實具備某種追求慾望滿足的本能,但並非是佛洛伊德學說中的性滿足慾望,而是包括:希望和他人發展友情或親情、以及對於安全感的追求等慾望。

以「客體」概念為主的觀點主張,人類行為的原動力來自於尋求建立與發展人際關係(客體的尋求),而這些慾望追求的本能是發展自嬰兒早期和母親互動的經驗及歷程。對於剛出生的嬰兒而言,他自己的心靈屬於一個獨特的「主體」,而母親的心靈及外在有形之物,則屬於「客體」,此客體成為嬰兒心靈上第一個慾望滿足的焦點,當嬰兒的心靈感到挫折時,會希望可以得到母親的撫慰;感覺饑餓時則希望可以得到母乳的哺育。

母親影響「主體」人際關係的發展

客體關係理論相當著重於「主體」的我和「客體」的母親(或主要照顧者)彼此之間互動的經驗,不只因為母親是「我」所遭遇的第一個客體,且與母親的互動是影響「我」的早期發展極為重要的階段,不僅影響了個人自我概念的形塑、情緒發展;更影響未來人際關係(尤其是親密關係)建立的基礎。因此,早期的親子互動模式會反映在日後的人際關係型態上,例如:個性過於依賴的人,可能是重現在幼兒學步時期與母親互動的模式所致。

客體關係理論認為心靈會受本能驅使,尋求外在的客體以滿足心靈想追尋安全或親情的慾望,而母親所提供在物質方面的哺育及心靈方面的撫慰,正是「主體」所能得到的初期慾望滿足來源。然而母親不可能總是隨侍在側,隨時提供「主體」心靈上的滿足,當「主體」了解到母親此「客體」同時是滿足他慾望的所鍾愛對象,又同時是給予他挫折的對象時,心靈衝突由此而生。因此「主體」是否能適當化解此種衝突,左右著心理是否能夠健康發展。

嬰兒（主體）和母親（客體）的關係

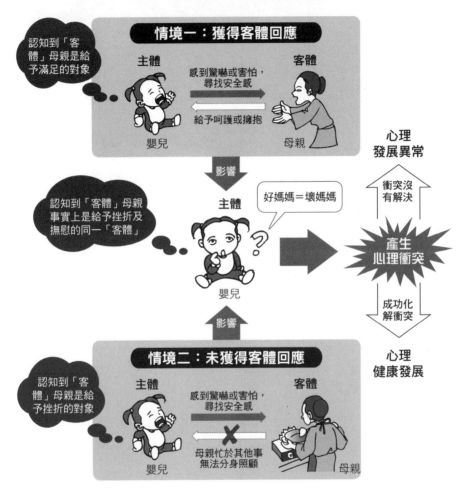

認知到「客體」母親是給予滿足的對象

情境一：獲得客體回應

主體

感到驚嚇或害怕，尋找安全感

給予呵護或擁抱

嬰兒

客體

母親

影響

認知到「客體」母親事實上是給予挫折及撫慰的同一「客體」

主體

好媽媽＝壞媽媽

嬰兒

影響

認知到「客體」母親是給予挫折的對象

情境二：未獲得客體回應

主體

感到驚嚇或害怕，尋找安全感

母親忙於其他事無法分身照顧

嬰兒

客體

母親

心理發展異常

衝突沒有解決

產生心理衝突

成功化解衝突

心理健康發展

精神分析中的「我」

精神分析的主題在於討論抽象存在的心靈，「我」常被用來指稱此抽象的存在物，精神分析的「我」並非指稱身體的存在，而是指心靈現象的存在，佛洛伊德將「我」分為本我、自我、超我三個部分，而客體關係理論區分「我」及其他一切非「我」之心靈或物質，所謂「客體」就是一切非「我」之心或物。

自體心理學

傳統精神分析觀點認為自戀型人格患者是無法被分析而不處理此類問題，八○年代興起的自體心理學家寇哈特則持相反的觀點，他從分析自戀型人格患者的臨床經驗當中，提出受主觀經驗影響的整體的「我」才是分析心靈所應關注的焦點，此一整體的「我」就是自體心理學的「自體」（Self）。

什麼是自體

寇哈特體認到所謂的「我」此一心靈狀態是不斷在改變，例如「我」會隨著年齡的增長而逐漸改變，也會隨著和外界互動產生經驗上的變化；具體來說，將某人十八歲的照片和七歲的照片比較，在未告知是同一人的情況下，會發現很難將這兩張照片視為來自於同一個體，寇哈特認為心靈的成長也是如此。因此當心靈產生衝突時，外在環境的變化才是主因，而非僅是古典精神分析學派所說的性驅力影響。

因為「我」是如此多變，人是否能體認到此一事實對心理健康有其重要性；寇哈特認為將這些受各種經驗影響而改變的不同的「我」，融合為一個完整的「自體」是心靈成長的一項重要工作，而「自體」就是我們對於自己是什麼樣的人的基本經驗。因此自體心理學視「自體」為一種受各種主觀經驗影響下，不斷改變的

「我」的整合狀態，而「自體」的完整程度將決定著心理健康的狀態。

強調內省和同理觀察

不同生命階段的每一個「我」和自己所面對的世界互動，產生獨特的主觀經驗，這些諸多的主觀經驗建構並結合形成了一個完整的「自體」，在治療的情境下，精神分析師亦是一個獨特而完整的「自體」，寇哈特認為分析師做為一個獨特的「自體」是不可能進入患者（另一個「自體」）的主觀世界之中，因此分析師必須借助其他的方法才能了解患者的心靈狀態。這個方法便是「內省」，分析師可藉由內省法檢視自己的心靈狀態，在自己的心靈之中建構一個和患者類似的心靈狀態，得以了解並融入患者的心靈，寇哈特認為利用此種同理的方法，才得以分析心理病患的心靈。

具備同理心就一定能感同身受嗎？

人們常認為，因為我和你有相同的經驗，所以我可以理解你的內心感受，例如：同樣都曾出國留學、都曾有慘痛的分手經驗等。但寇哈特所指的「同理心」是必須感受到患者的情感、知覺、思想的狀態，同時考量到患者的成長背景，而非只是經驗上的認同。

自體心理學的「我」與治療方式

不同時期的「我」受各種主觀經驗的影響,例如:環境、人際互動

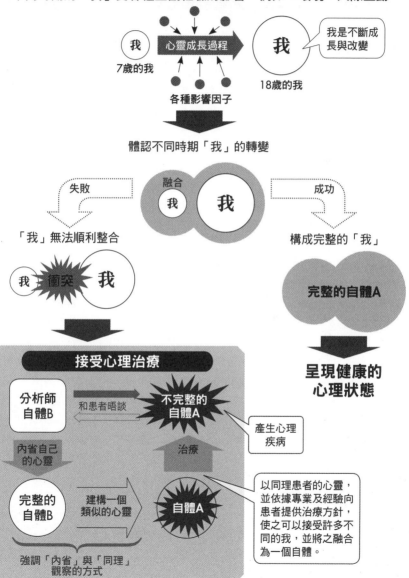

精神分析學在其他領域的應用

精神分析學研究人類心靈的本質，並有系統地架構出關於心理運作的學說，今日精神分析理論不僅被應用於治療心理疾病，在哲學、文學、甚至藝術等人文研究領域都可見到它的足跡。

精神分析不侷限於精神疾病的研究

精神分析原本是研究罹患精神疾病的對象，從探討人的心理運作與精神活動出發，以找出精神疾病的根源；同時它也是一種醫治心理疾病的治療法。然而，佛洛伊德從研究精神疾病患者的異常心理現象中，發現到在正常人身上不易發現或被掩蓋的心理活動線索。此外，精神分析對研究心靈構造和精神活動也提供一套可施行的方法，像是催眠、自由聯想、夢的解析等等，藉助這些技術可以深入心理底層的活動，了解複雜的心理現象，使得精神分析的成果反而對人類心理的本質與運作規則有更進一步的認識。

人文研究領域的應用

隨著時間的推移及眾多精神分析學者的理論貢獻，精神分析的理論與方法也被用來研究文學作品、藝術創作及女性主義論述，為什麼會有如此轉變呢？因為精神分析的諸多理論及假說的內容，都是用來分析及描述人心的組成及活動狀態，例如：心理衝突、防衛機制、「我」的三元結構及意識結構等等；這些系統性的分析及解構人類心靈的方法，漸漸地也被人文研究領域的學者應用在他們的研究

當中。

精神分析理論具有系統性架構的優點，使得這些理論正好成為分析文學及藝術創作的絕佳工具，因為許多文學及藝術創作旨在表達創作者的內心世界，或是創作者希望藉由他的作品來描述外在另一個心靈狀態；因而作品的文學或藝術價值可以由一個特殊的角度被透視，就如同心理治療師分析心病患者的心理一般。

例如：在精神分析中，「伊底帕斯情結」被視為心理病態發展的根源，用在文學批評中，特別是講述家庭亂倫、性心理壓抑等內容的戲劇或文學作品，「伊底帕斯情結」被用來詮譯作品中角色的想法與行為的深層動機，藉以了解作品的內在意涵與創作者想表達的潛在動機。另一方面，女性主義研究者可從精神分析對性與性別特質的建構，像是閹割焦慮、主體與客體關係、鏡像階段中的自我建立過程等等，去檢視在性別議題上的論述，並分析父權體制為何深入人類社會與文化之中。

佛洛伊德曾在自傳中表示，在他發表《夢的解析》一書後，精神分析就不再只是純粹的醫學主題，當它流傳到德國和法國時，就被廣泛應用到文學與美學上，並影響了宗教史、史

前史、神話、民俗學以及教育學等領域。直至今日，精神分析應用之廣，如同心理學般成為一門不可或缺的輔助科學。

為何精神分析學可以應用在人文領域？

醫學領域／心理治療
以精神疾病患者為研究對象，了解異常心理發生的根源，並用以治療精神疾病。

精神分析學

系統性的架構
精神分析學以系統性並有規則的方法將心理現象解構，例如：一切心理動機是來自於本能慾望（生死本能），心理結構分為本我、自我、超我三部分。

探索人類心靈的學問
哲學、文學或藝術等人文領域的知識探討都是以闡述或了解人類心靈為目的，此點和精神分析學的研究目標相符。

與人文研究所關注焦點一致
文學、哲學、宗教等人文研究和精神分析所關注的問題一致，如「快樂」、「自由」、「慾望」及「心智狀態」等概念。

科學證據支持的理論架構
精神分析一系列對人類心靈的架構是遵循科學方法所建立，並以科學證據做為正確性的依歸。

人文領域的應用
精神分析學的理論與概念被借用在其他人文領域上。

文學批評 ← **精神分析學** → 藝術創作

女性主義　宗教學　哲學

Chapter 4
為什麼心會生病？

精神分析理論強調焦慮感是引發心病的重要原因，而心理衝突正是觸動焦慮的導火線，佛洛伊德從心理發展的過程中找尋各種可能會導致心病的原因，他認為嬰兒的心理發展初期經歷了許多心理發展的危機，而善用「自我」的功能克服這些危機是達到心理健康的方法；防衛機制就是精神分析學說中一項相當重要的自我功能概念，它被用來解釋了許多人類異常的心理現象及人格形態。本章的最後將提及導致心病的一項重要概念——創傷事件，以及它在客體關係及自體心理學中的解釋。

學 習 重 點

❖ 幼年時期的心理發展如何影響人格
❖ 伊底帕斯情結的負面影響為何
❖ 自我的功能失調會產生哪些問題
❖ 防衛機制失常如何導致心理疾病
❖ 化解內心焦慮的防衛機制：壓抑、轉移、合理化
❖ 不成熟的防衛機制：投射、被動攻擊、想像
❖ 轉移焦點的防衛機制：否認、扭曲、妄想投射
❖ 創傷事件引起的心理疾病

固著在某階段的危險

佛洛伊德主張心理疾病的出現是因為某一個發展階段的本我驅力，像是性驅力或是攻擊驅力不適當地過度釋放或壓抑所致，因而出現「固著」及「退化」的心理症狀。「固著」是指人的心理發展停滯在某個階段上，例如停滯在口腔期的人，長大後雖然生理上變為成人，但當他面對焦慮或壓力大的狀況時，會使用可以引起口唇快感的物品像是香煙，做為釋放壓力的方法，這行為和滿足口腔期的性慾望焦點有關，也就是從吸吮中得到快樂。

根據佛洛伊德的推測，個體在心理發展過程中遇到困頓無法超越時就會形成「固著」，導致精神疾病發生，例如幼兒在肛門期的如廁訓練，由於學習失敗或是父母的訓練過於嚴格，使自己的行為表現經常無法達到理想要求而受挫，因而產生固著，長大後可能對於整潔、秩序的要求甚高，引發強迫症的行為，像是反覆地清理自己的房間、不斷地洗手，但是心理上仍然覺得不夠乾淨。

遇到心理衝突的退化現象

當固著發生後，並非表示所有的心理發展都停頓，個體心靈的其他部分仍會繼續發展，直到遇到壓力或挫折時，才會出現退化現象。「退化」顧名思義是指個體的心理發展雖然已經到達較成熟的階段，但因為外在重大的挫折或是嚴重的心理衝突，導致個體在心理上倒退回之前較不成熟的發展階段，也就是固著的階段。除了出現讓人覺得幼稚、不恰當的行為外，並表現出和前一階段有關的性慾望滿足行為，例如：固著在口腔期的成人在面臨生意失敗之際，只是不斷地哭泣、吸拇指，且過度依賴他人。

梅寧傑醫學中心的研究

在二〇〇〇年美國休士頓貝勒醫學院的梅寧傑醫學中心發表了精神分析的心理發展模式研究，他們依據依附理論及發展心理學的方法從事了一連串的實徵研究，此研究的成果包括了：「心智化」的概念、照顧者和孩童互動是決定心理疾病的重要因素，並提出一套心理發展模式來解釋心理疾病的出現。

「心智化」是指個體可以自主地推論、解釋及判斷外界客體（其他人）或是自己的心智狀態的一種能力，例如：我們可以從別人的語氣、

固著與退化

在發展過程中遇到困頓無法超越，使心理停滯在某階段。

例 在發展階段中，因如廁訓練不順利、自己的表現無法達到理想要求而受挫，使心理停滯在肛門期。

在穩定安全的環境下，固著階段的心理會被隱藏，對外表現出正常的樣子。

例 長大成人後，變成一個注重整潔、遵守規則的人。

個體心靈的
其他部分繼續發展

固著

五階段心理發展過程	口腔期	肛門期	性器期	潛伏期	青春期

出生　　　　　　　　　　　　　　　　現在

遇到挫折、
衝突或威脅

因壓力、挫折來襲，使心理會回到幼年固著的階段。

例 總是覺得自己不乾淨，會不自覺地一直洗手或清理環境。

例 面對老公出軌，形成對婚姻忠貞的打擊。

退化

矛盾

產生心理疾病

動作來猜測對方現在的心情感受，並設身處地想像若自己遭遇類似的情形時可能會有何種感覺，此種猜測的過程即心智化能力的表現。梅寧傑醫學中心的心理發展模式主張此種能力是一種基因上及經驗上皆準備好的狀態，而個體「心智化」的能力深受嬰兒時期與照顧者互動的依附經驗所影響。以下兩個因素決定著個體「心智化」能力的良窳：①照顧者本身是否具備成熟的「心智化」能力；②照顧者是否能夠適當地給予「一致」且「顯著」的反應。

由於「心智化」的能力是嬰兒在發展過程中與照顧者的互動所養成，照顧者的「心智化」能力愈好，就愈能推測出嬰兒真正的心理需求，在嬰兒受到心理挫折時，給予保護且正確、適當的反應。這些反應包含了「一致」，即照顧者清楚地理解嬰兒當下的心理需求而總是給予正確的反應（與嬰兒所想要的一致）；以及「顯著」，即他們並非僅依據自己的內心所想的，而認為嬰兒所希望的需求該是如何，相反地，照顧者是依據他們體會到嬰兒的真正心理需求而給予適當的回應（給予嬰兒真正需

要的，即對於嬰兒是「顯著」的需求）。例如：具有良好心智化能力的父母（照顧者）在嬰兒因飢餓而哭鬧時，會察覺嬰兒的真正需求而給予食物及呵護，不會不予理會或是誤判他真正哭的原因，而給了錯的回應。透過這些互動過程，嬰兒未具備「心智化」能力的心理狀態可以藉此習得一個完整、並經過整合的「心智化」能力。

心智化能力左右心理健康

根據梅寧傑醫學中心提出的發展模式，心理疾病源於嬰兒時期與照顧者之間互動的不一致且不顯著所導致，當一個「心智化」能力不穩定的照顧者經常帶給嬰兒長時間且不斷分離或驚嚇的反應，例如：經營路邊攤的父母因為生意需要，常將兒女獨自留在家中；或是常以打罵的方式管教兒女，又或是照顧者本身患有心理疾病，使得教養子女時表現出不恰當的行為，諸如此類情形都可能養育出同樣「心智化」能力不穩定的下一代，導致長大後罹患心理疾病的機會增加。

什麼是依附理論？

依附理論最早由英國心理學家約翰‧鮑比在一九五〇年代提出，主要探討孩童時期的人際關係發展對以後人格發展的影響。此理論指出幼小的生命基於生存本能，會主動尋求並依附於成熟個體的照顧與保護，若在幼年形成依附關係的階段，因失去照顧者或被刻意疏忽，而強制剝奪此依附情感的建立，在孩童的心理便會留下傷痛的經驗，影響日後的人格發展。

梅寧傑醫學中心的心理發展模式

照顧者（父母）
心智化能力的成熟度
影響回應嬰兒當下的心理需求，以及能否察覺嬰兒心理需求並顯著地滿足嬰兒心理需求。

照顧

依附

影響

個體（嬰兒）
心智化能力發展
指嬰兒發展出自主地推論、解釋及判斷他人或自己的心智狀態的能力。

發展過程順利
照顧者具有成熟的心智化能力並給予一致且顯著的回應

 細心照顧孩子的父母，留意並體察嬰兒的心理需求，總是給予正確且能滿足嬰兒的回應。

發展受到阻礙
照顧者的心智化能力不成熟且其回應不一致也不顯著

例如 忙於經營生意的父母，忽略嬰兒哭鬧的真正原因，總是依照自己的想法來滿足小孩。

與照顧者互動良好

與照顧者互動不佳

心智化能力穩定，形成健全人格
例如 嬰兒長大後擁有穩定、健康的心理，能夠與他人良性溝通，並體諒別人的處境。

心智化能力不穩定，形成缺陷人格，導致心理疾病
例如 嬰兒長大後出現情緒問題，發展出邊緣性人格，會以脅迫手段迫使別人給予自己想要的反應。

伊底帕斯情結的負面影響

伊底帕斯情結是精神分析發展理論的重要基礎，佛洛伊德認為此情結發生在三到五歲的兒童身上，因為對異性父母的依戀，兒童會自然地出現心理衝突，若能妥善解決此階段的心理衝突，就能達到健康的心理狀態；然而，當伊底帕斯情結所帶來的心理衝突無法解決，兒童的心理便會埋下日後精神官能症的病因。

伊底帕斯情結引發心理衝突

佛洛伊德認為伊底帕斯階段的孩童的性慾焦點是異性父母的一方，例如小男孩會對母親產生愛慕，但是父親的存在對小男孩產生了威脅，小男孩深怕父親將自己的性器官給奪走（閹割焦慮），因此心理上便產生了兩難，一方面希望滿足本能的慾望，與母親發生愛戀的關係，一方面卻深受閹割焦慮的困擾而裹足不前。

佛洛伊德以稍微不同的角度解釋小女孩的伊底帕斯情結，他認為小女孩最初並沒有意識到自己的性別，她和小男孩一樣對母親產生的愛戀的感覺，但當她發現自己沒有像小男孩一樣擁有和父親相同的性器官時，她會對母親產生恨意，並將愛意轉向父親，希望可以獲到和父親一樣的性器官（陽具欽羨）。

在伊底帕斯情結的兩難狀況下，兒童會懼怕因為要爭取異性父母的愛，使得同性父母的一方會對自己不利，因此要能成功地解決伊底帕斯情結，兒童必須藉著放棄被禁忌的性慾望（對異性父母的一方的愛戀），將性慾望導向其他適當的對象；並且認同同性的父母，將父母的教導內化為超我的一部分，才可解決兩難的困境；使得孩童可以延後追求性慾望滿足於未來的對象，發展出正確的性認同，並和異性的對象有著正常的愛戀關係。

精神官能症的形成

根據佛洛伊德的假說，戀親慾望是一種無意識的心理運作，而且是一種不允許出現在意識層面的禁忌慾望（因為個體若意識到此禁忌慾望會產生難以承受的焦慮），個體藉著「超我」的方向導引及規範限制的功能，指示著「自我」阻擋「本我」的伊底帕斯慾望浮現至意識層面，因此「自

女性主義對伊底帕斯情結的批評

早期的女性精神分析師未直接批評伊底帕斯情結的想法，而是間接地認為母親的地位才是心靈的成長焦點，例如克萊恩強調母親此客體的重要性；後繼的女性精神分析師提出「非伊底帕斯」階段的想法，認為不論小男孩或是小女孩的心靈，所認同的是父親或母親好的特質，而非以性為焦點。

伊底帕斯階段的危險

伊底帕斯階段

三至五歲的孩童會對異性父母的一方產生愛戀，而對同性父母的一方產生敵意。

> 佛洛伊德認為這是影響未來人格發展的重要階段。

影響

人的心理運作方式

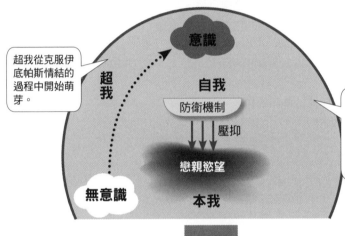

意識

自我

防衛機制

壓抑

戀親慾望

無意識

本我

超我

> 超我從克服伊底帕斯情結的過程中開始萌芽。

> 藉著超我的引導及規範，自我發動防衛機制以防止本我的戀親慾望在意識中出現。

心理處於不穩定狀態

任何危險因子的刺激，例如：家人經常爭吵、遭受心靈創傷、父母非好榜樣等，容易破壞此妥協狀態下的心理。

發展順利

發展不順利

對性別及角色產生認同

幼童順利度過伊底帕斯情結，對自己的性別定位及角色認同開始萌芽，繼續往下個階段發展。

產生心理疾病或埋下病因

幼童未能順利度過伊底帕斯情結，可能引發心理疾病，或未來遇到壓力或挫折時，就會病發。

我」壓抑了「本我」所釋放出來的慾
望驅力，並將之轉化為驅動防衛機制
的動力，藉著防衛機制達成妥協的心
理狀態，阻止戀親慾望浮現在意識之
中。

　　當處於伊底帕斯階段的「自我」
運用它認為適當的防衛機制阻止伊底
帕斯慾望浮現於意識層面時，兒童心
理上會處於一種不穩定的狀態，任何
危害心理健康的因子都有可能破壞此
妥協狀態而種下精神疾病的遠因，例
如：伊底帕斯階段一項很重要的任務
就是認同同性父母的一方，並視之為
榜樣，將其道德教誨內化為自己超我
的一部分，如果父母並非良好的榜
樣，例如：常發生家暴事件的家庭，
兒童會認同不適當的榜樣，並培養錯
誤的道德觀念，而種下了精神官能症
的不穩定因子，有可能引發兒童的精
神疾病，或是發生在長大成人之後。

　　換句話說，伊底帕斯階段的兒童
採用防衛機制達到暫時的心理妥協狀
態，若伊底帕斯危機無法安然平穩地
渡過，便會出現精神官能症。

現實評估功能及適應功能

　　面對外界的刺激，自我必須能夠清楚地了解到現實狀況的各項訊息，也就是「現實評估功能」，例如：判斷事情的重要性、某事件對自己的影響及可能帶來的壓力，除了了解外來刺激的能力外，自我也必須評估自己的能力是否足以應付所面對的外在事件，此衡量現實的能力如果無法有效地發揮，個體便會和現實脫節，狀況輕微者會變得容易沉溺於白日夢的幻想，而嚴重者會出現妄想及幻覺的情形。

　　因為外在環境的限制，本我慾望經常得不到直接的滿足，且超我的道德原則並非總是被切實地遵循，因此自我肩負著調適本我慾望及超我道德的工作；「適應功能」就是使本我和超我可以生活在不完美的現實之中的能力，又稱為妥協功能，例如：搬家、換工作時，適應功能的強弱決定了自己是否能在新環境中馬上步入軌道。當適應功能削弱或是被迫適應不良的環境，心理便可能出現問題，例如：剛好目睹了搶案，想出手相助卻擔心事後遭受報復，因此假裝若無其事地離開犯罪現場，雖然暫時躲避了眼前的壓力（擔心被報復的焦慮心理），但累積在心中的道德譴責會成為未來引發心病的因素。

統合功能及防衛功能

　　雖然我們在解釋心理結構時以本我、自我及超我三部分來了解心理運作，但一個健康的心理必須是三個我協同運作的結果，而非如同多頭馬車般的各自發展，「統合功能」就是自我中負責人格統合的功能；是幫助自己體會到自身完整性的一種心理功能。如果此功能發生障礙，心靈便會有分離的情形，多重人格就是其中的例子。

　　「防衛功能」又稱為防衛機制（參見44頁），顧名思義，它是一種保護心靈免於受傷害的自我功能；因為本我是一個單純追求慾望滿足的無意識運作，完全放任本我勢必會帶來許多危險，例如伊底帕斯慾望，因此個體需藉由防衛功能來避免此類危險，以壓抑住本我的慾望追求、延後滿足、或是改變為可被接受的表現形式。

　　防衛機制是精神分析學中相當重要的概念，佛洛伊德及後世的精神分析學者闡敘了許多種不同的防衛機制，這些防衛機制和心理結構的動態互動決定著心理健康，也影響不一樣的心理疾病的出現與否。

自我功能對心理健康的影響

現實評估功能

● **功能作用**
了解、判斷現實環境的能力,並評估、衡量自己的能力,以掌握周遭情況與自己的立場。

● **失調結果**
脫離現實,輕者沉溺幻想中,嚴重者出現妄想及幻覺。

適應功能

● **功能作用**
適應現實環境的能力,表現出最符合現實條件的行動。

● **失調結果**
出現不合時宜的行為或是極端的行動,無法融入周遭環境。

自我的 四種功能

統合功能

● **功能作用**
負責本我、自我及超我的人格統合,讓個體了解自己是怎樣的一個人,並清楚與他人的區別。

● **失調結果**
心靈產生分離,無法清楚分辨自己與他人的想法,產生多重人格。

防衛功能

● **功能作用**
即防衛機制,以自我協調本我與超我以維持心理平衡的狀態,避免心理產生衝突。

● **失調結果**
防衛過度或是僵化為人格的一部分時,容易形成心理疾病。

心理衝突的產生

　　當外界環境不允許本我慾望被滿足時便會產生某種類型的心理衝突，例如：在佛洛伊德的性心理發展階段中，處於性器期階段的兒童因為本我性慾望的驅使，會對自己或他人的性器官產生好奇而喜歡玩弄它，當父母（外在權威人物）發現兒童的這些行為時，會制止兒童的不雅動作，並告誡他這是不好的行為，必須停止，這些教導會內化為兒童的超我，形成道德規範。

　　如果父母的教導沒有完全內化至兒童的超我之中，使得來自於客體的外在教條（父母所禁止的不雅行為）會和兒童的本我慾望（不雅的行為可以產生愉悅感）產生衝突，這個衝突的心理運作便衍生心理焦慮（擔心自己的不雅行為會引起父母的責罵），造成心理衝突。

防衛機制失常導致心理疾病

　　當個體產生心理衝突時會啟動防衛機制，以舒緩、隱藏、壓抑造成心理焦慮的原因，以維持心靈平衡（正常運作）。個體面對不同的心理衝突情況，會採取不同的防衛機制。

　　防衛機制被視為一種「自我」調適心理衝突的正常運作方式，而心理疾病的產生則是因為心靈採用了不恰當的防衛機制，佛洛伊德解釋歇斯底里症狀的產生，是因為心理衝突被「轉化」為身體上麻痺的症狀或是其他莫名的疼痛；強迫性精神官能症則是因為啟動一種稱為「取代」（或稱轉移、移置）的防衛機制，將引發心理衝突的原因以完全無關的行為抒解；而精神分裂症的產生，是因為患者以一種稱為「幻覺混淆」的防衛機制，否定自己無法接受的心理衝突，導致連外在真實的事、物也一併否

心理衝突的不同觀點

佛洛伊德以「本能」或「驅力」來解釋人類的動機，他以性驅力觀點來說明心理衝突的原因，因此古典精神分析學派及自我心理學對心理衝突的解釋偏向「本能論」；相對於於本能是影響心理衝突主因的看法，克萊恩學派、自體心理學、客體關係學派則認為「環境」才是影響人格、導致心理衝突的主因。

定，因此患者會表現出幻覺的症狀；被害妄想型的精神疾病（妄想型人格疾患）則是因為防衛機制使用「投射」的心靈運作，將心理衝突歸因於其他非「我」的人或物身上。

化解心理衝突的其他關鍵

晚近的精神分析學家融合了客體關係理論的觀點，認為心理健康發展的關鍵並不在於解決與慾望滿足相關的衝突，而在於適當地認同一個健康的外在客體，例如：嬰兒時期須認同一個好的母親，以發展出對人的信任感與安全感，到了孩童時期，小男孩可能認同一個好的父親做為自己的模範。然而，須強調的是，此種觀點並沒有否認古典精神分析學派的慾望衝突理論，而是認為個體的心理成長應以認同健康的、好的外在客體以解決可能遭遇的心理成長危機。

防衛機制運作失常引發心病

遇到心理衝突事件
面臨環境壓力、生活上的威脅或挫折，本我的慾望、超我的道德相互衝突而產生焦慮與壓力。

防衛機制開始運作 → 運作過度 → ## 化解衝突，維持心理平衡
減緩壓力所造成的情緒衝突，避免焦慮，使個體得以適當處理心理創傷。

運作過度

一味逃避衝突，人格產生扭曲
過度使用防衛機制，以逃避心理衝突，使這些應付外在衝突事件的行為逐漸成為個人的人格特質，造成人格失調，產生心理問題與精神疾病。

舉例

轉化	取代	幻覺混淆	投射
將心理衝突轉化為歇斯底里症狀表現出來。	將心理衝突以不斷重複做某種行來抒解。	否定心理衝突的存在，連外在實際存在的人或自己也否定。	將心理衝突歸因於外在的人或物可能對己造成傷害。

可能導致的精神疾病

歇斯底里性精神官能症	強迫性精神官能症	思覺失調症	妄想型人格疾患
身體某些部分麻痺，或產生了莫名的疼痛。	沒有任何特別原因之下，必須不斷地重複做某些行為。	產生幻覺、妄想，與現在脫節。	擔心隨時會遭到他人所害。

防衛機制①：壓抑、轉移、合理化

壓抑、轉換及合理化是三種自我防衛機制的形式，「壓抑」是最原始的一種防衛機制，主要是抑制本我的慾望，使本能衝動不至於隨意而行；「轉移」是將日積月累的壓力，釋放到自認為不會反抗的對象；「合理化」則使用邏輯上看似圓融的解釋，以化解自己的心理焦慮。

壓抑

佛洛伊德認為「壓抑」是最原初的防衛機制，它主要的功能是將無法被現實狀況接受的本我慾望和所衍生的感覺及衝動，以偽裝或隱藏的方式推回無意識之中，使個體所表現出來的樣子是可被現實接受的。例如：因伊底帕斯情結而接受精神分析的病人，會不知不覺中將自己的情感投射在分析師身上，而對分析師（無意識地）產生依附需求，雖然理性的自我會壓抑此無意識，但每當面臨和分析師分開時（假期或結束會談時），病人就會出現焦慮的心理。為了解決此慾望至其他較能接受的對象，病人可能會在假期時上酒吧找一夜情，但是返回下次療程時，病人總會覺得對不起分析師而產生高度的焦慮，在此情況下，此伊底帕斯慾望的壓抑所造成的內心焦慮若無法得到適當的抒解，焦慮症便可能出現。

轉移

「轉移」是一種將攻擊的慾望（死之本能）釋放至可實行對象的防衛機制，較典型的例子是：受到上司欺壓或是生活中長期受挫的人，他的本我會產生攻擊的衝動，然而因為現實生活中不允許這些攻擊衝動直接釋放出來，像是攻擊上司會失去工作飯碗，而生活中

的眾多挫折則因為沒有明確目標而無從攻擊，因此他會選擇一些沒有利害關係或可能不會反抗的對象來釋放這些攻擊的慾望，例如：去挑戰遊樂場的出氣包、將怒氣轉向家中的妻兒或是不敢反抗自己的下屬；這種攻擊衝動的轉移代表著心中壓力的累積及心中本我和自我的衝突，若個體將壓力轉移至不適切的對象，則可能會導致未來更嚴重的問題，例如：將不滿轉移到妻女身上，使得家庭破碎讓自己的壓力及挫折感更大。

合理化

「合理化」是當事人事後解釋自己的離譜行為或失敗決策時所採用的防衛機制，因為坦然面對自己的錯誤會引發一定程度的焦慮，大部分的人可能會選擇合理化的方法來解釋自己的失敗。譬如：考試考砸的學生會將成績不佳的原因歸咎於外在因素，像是老師教學不良或是批改考卷的過程出錯等等；合理化的方法雖然可以暫時舒緩當下的焦慮感覺，但對於解決問題並沒有太大的幫助，例如將考試成績不好全歸咎於批改錯誤，卻忽視是自己考試時將答案寫錯地方以致全盤皆錯，因此下次又再次粗心大意犯了相同的錯誤。

三種防衛機制：壓抑、轉移、合理化

壓抑　將內在難以接受的慾望、衝動、思想、感覺推至無意識之中，而表現出可被現實接受的樣子。

我記不起來小時候的事。

意識
無意識　不被接受的部分

壓抑

壓抑

幼年時受到家暴，心中產生恐懼，將難以接受的感覺壓抑，以解除焦慮感。

將難以接受的感覺壓抑，以解除心中的焦慮。

過度使用的結果

使自己的情緒被排除意識之外，導致心理症狀出現，像是歇斯底里症。

轉移　將攻擊慾望從一個具威脅或不可得的對象移至一個安全可得的對象上，通常是將對強者的願望轉換至弱者身上。

大聲斥責

忍耐

轉移

責備

被上司狠狠責罵的員工，想要回嘴，但心有顧忌只能默默忍受。

回家後看到小孩沒做功課，將心中怒氣發洩在小孩身上。

過度使用的結果

易牽怒他人，周遭的人無法諒解，導致自己陷入更大的精神壓力。

合理化　將自己不能接受的挫折或失敗，以可接受的方式來解釋。

升遷公告

當主管很累，身體會不好，又受人批評。

合理化

得知比自己能力差的同輩升為主管，心理產生不滿。

找出一個使自己能接受事實的理由，以減輕不滿。

過度使用的結果

無法坦然面對事實，使同樣的情形不斷發生，讓自己陷入惡性循環。

防衛機制②：投射、被動攻擊、想像

投射、被動攻擊及想像皆屬於不成熟的防衛機制，常發生在成長中的青少年身上，而被人們視為成長過程中心理變化的常態；但這些防衛機制如果一直延續到成年之後，就會形成一種不成熟的表現，影響到個人適應社會和日常生活的能力。

投射

　　「投射」是一種無意識的歷程，將自己心中不想要或是難以接受的部分，例如某種想法或是過去的記憶，想像成這是他人的心智狀態。例如想要出軌的丈夫，他的內心在出軌的想法（本我的慾望）及婚姻忠誠的道德教條（超我的訓誡）之間不斷擺盪，心理產生衝突，使得焦慮感逐漸累積。而「投射」是化解焦慮的方法之一，丈夫可能會將自己不想承認的慾望或不滿的情緒投射到妻子身上，甚至認為妻子有外遇的對象而疑神疑鬼，認為妻子的行為鬼祟、行蹤不明等，這種將自身的心理衝突投射至他人（客體）的防衛機制，往往會造成更深的焦慮，形成心理症狀（如妄想）。

被動攻擊

　　「被動攻擊」是一種死之本能的展現，在攻擊行為不被允許的狀況下，遭受壓力的當事人會採取不合作的方式抵制權威者的命令或要求，例如：不想上學的小孩會故意慢慢地吃早餐、或將碗筷弄倒在地製造混亂，藉此表達父母強迫自己上學的不滿。「被動攻擊」的表現被認為是一種性格型態的心理疾患，由於當事人採取故意做對的行為，來渲洩情緒以維持心理平衡，常常不自覺地造成別人的不快，使得互動的對象總是給予斥責、埋怨等負向的回饋，反而造成惡性循環。

想像

　　「想像」是經常發生在一般人身上的心理運作，也就是利用幻想來滿足現實中難以實現的願望，諸如在心中形塑出一個理想化的自己，或是假想未來擁有一個完美的家等這類思緒都屬於「想像」。由於多數的本我慾望並不適合直接在現實中表達，「想像」可說是一種最簡便的釋放出口，可以暫時、快速地滿足本我的慾望而不違反超我的道德要求；然而，若將大部分的生活目標都沈溺於想像之中，則人格會顯得不成熟且思緒流於不切實際，使自己脫離現實生活，而出現適應不良的問題。

三種防衛機制：投射、被動攻擊、想像

投射 　將自己無意識中難以接受的慾望或感情，想像成這是他人所需。

懷疑

妳剛剛是不是跟別的男人見面？

投射

丈夫有了外遇對象，但自知不妥。

丈夫覺得妻子也會紅杏出牆，而限制對方的行動。

過度使用的結果

將自身的願望投射到他人身上，易形成偏執妄想，導致更深的焦慮。

被動攻擊 　面對壓力或不如意的狀況時，以不合作的方式表現心中的不滿。

表現真差！

機器壞了就沒辦法。

被動攻擊

老闆責怪自己沒有把產品做好，雖然不服氣，但沒有說話。

故意將機器弄壞，以迴避產品好壞的責任。

過度使用的結果

總是在行為上故意做對，引起別人不滿，使互動關係愈來愈糟。

想像 　利用幻想來滿足現實中難以實現的願望。

想像

喜歡某位偶像到不可自拔的地步。

幻想偶像總有一天會跟自己交往。

過度使用的結果

整日沈溺於幻想中，對現實生活適應不良，人格不成熟且不切實際。

否認

　　「否認」是面對引發焦慮的外在事件時所採用的防衛機制，人們藉著拒絕承認自己感到不舒服的事實使內心處於較為平靜的狀態，「否認」的表現可分為三類：①單純地否認焦慮事實；②否認焦慮事實的嚴重性但承認它的存在；③承認焦慮事實的存在及其嚴重性，但視為和自己無關。否認的現象常發生在人們面對和切身有關的死亡或創傷事件，例如：醫生告知你患了絕症，多數人初聞此惡耗可能的反應有：①否認罹患此病；②否認此疾病是不治之症，認為絕對有偏方和其他名醫可以治癒；③認為絕症不可能發生在自己身上，一定是檢查過程出錯或是醫生拿錯了病歷。當事人透過「否認」，以暫時解除自己心裡的不安和焦慮。

扭曲

　　「扭曲」是將不符合期望的現實情況重新按照自己內心的想法去解釋的一種防衛機制，例如：向單戀的對象表達愛意，雖然對方不斷以暗示及明示的方法拒絕，自己卻將這些訊息解釋為對方是以間接或反向的方法來表達愛意，而使自己陷入對方是愛慕我的這種幻想當中。由於「扭曲」的防衛機制並非真的能改變外界既有的事實，而是想像一個不存在的情況來配合自己的希望，或是將外界的事實解釋成自己認同的樣貌。

妄想性投射

　　「妄想性投射」的防衛機制是將引起不愉快感覺的原因推諉給外界的人事物上，並想像某個人或某件事要對自己不利，才導致失敗的結果，以減低心中過度的焦慮。然而引發這些焦慮感的原因通常是自己一手造成，或是自認為做錯了某件事而過度地自責，當這些不愉快的焦慮感愈來愈難以承受時，當事人的無意識之中會產生被害的妄想，認為是其他人刻意地對自己做了某些事，才使自己犯下錯誤。例如：因為自己的疏忽大意，將子女單獨留在家中，沒想到發生了火災，造成失去子女的悲劇，當事人的心理開始埋怨某位曾經建議自己，可以將孩子放心留在家中的朋友，認為這位友人是故意破壞自己的圓滿家庭。

三種防衛機制：否認、扭曲、妄想性投射

否認 拒絕面對或無視會讓自己產生焦慮的外在事實，以保護自我。

爸…我是同性戀。

否認

兒子不可能是同性戀，只是沒遇到適合的女生。

過度使用的結果

無法面對現實，延遲解決問題的時間，造成更大的傷害。

唯一的獨子向保守的父親坦承自己是同性戀。

認為兒子不可能是同性戀，積極幫兒子相親。

扭曲 將外界現實的狀況以自己內心想要的樣子重新解釋。

愛慕

扭曲

他一定是暗戀我，才不敢跟我說話。

過度使用的結果

以自欺欺人的方式逃避現實帶來的痛苦感受，再度面對事實造成更大的焦慮。

面對心儀的對象，產生想要交往的慾望。

對方態度冷淡，卻解釋為這是對方有好感的表現。

妄想性投射 將心中的罪惡感或失落的原因歸咎於外界客體上，並認為有人要對自己不利。

公司倒閉

合理化

一定是他在陷害我

過度使用的結果

無法面對自己的失敗，並老是懷疑遭人陷害，形成被迫害的妄想。

無法面對自己決策錯誤導致經商失敗的現實。

認為當初勸說自己投資的友人才是幕後黑手。

情緒與創傷事件

當人遇到重大的意外時，例如：車禍或是大地震，身體可能因此受傷導致生理功能無法正常運作外；也可能造成心理上的創傷事件，導致心理功能無法正常運作，佛洛伊德從歇斯底里病人的治療經驗中，發現了不同的精神官能症。

為什麼會產生精神官能症

　　精神官能症泛指因心理因素而引起生理上或心理上的不適，佛洛伊德在治療因戰爭或幼年遭受虐待而產生心理創傷的病患時，依據治療經驗從中歸納分析患者遭受心理創傷事件的時間點，將精神官能症分為「器質性精神官能症」與「心因性精神官能症」。器質性精神官能症是指因為近期曾遭受心理創傷而引起的心理病症，例如：焦慮性精神官能症；「心因性精神官能症」則是指因為過去曾遭受心理創傷而引起的心理病症，例如：歇斯底里性或強迫性精神官能症。

　　他認為這些病症的出現是因為這些創傷事件使得心靈狀態失去平衡，病患必須透過不正常的情緒釋放方式來抒解此一失衡的狀態，因此患者會表現出歇斯底里症狀，像是手腳因為不明原因而麻痺不能動；或是出現焦慮症狀，例如過度擔心某些事件。

其他學派對創傷事件的解釋

　　相對於佛洛伊德認為心理發展階段若產生嚴重衝突，或是近期遭受戰爭、災害而面臨壓力，都可能形成心理創傷，客體關係理論及自體心理學提出了不同看法。客體關係理論的分析師認為兒童因為和外在客體互動，受到客體的冷落或攻擊而產生挫折的心理，形成的恨意、敵意、或是嫉妒心，都可被視為心靈創傷的形式；根據此看法，客體關係理論解釋邊緣型人格疾患的病患很可能就是因為遭受過多的負面情緒創傷，而導致人格的不穩定，因此錯誤地將敵意投射在其他客體上。

　　自體心理學派的分析師認為精神官能症根源於人際的互動問題，而這個問題來自於童年時期的心靈創傷，

什麼是邊緣型人格疾患？

「人格型疾患」又稱為：人格違常、人格障礙，是屬於眾多精神疾病分類中的一種，而邊緣型人格疾患則屬於人格疾患下的一個次分類；被歸類為此種精神疾患的病患有著不穩定的人際關係、自我認同及情緒狀態，他們常會表現出一些強迫性的行為，例如：不加考慮，超出償還能力地隨意花錢、或是濫用藥物；因為過度的分離焦慮，有時他們會使用自殘或自殺做為威脅，要求照顧者或是戀人需隨侍在側，此類精神疾患被視為最棘手的心理問題之一。

因為父母缺乏同理心的教養方式，導致一個不完整的自體的出現；一個缺乏完整性的自體，成年後會表現出一些不適當且具敵意的行為，或是將此敵意投射到自身身上，而產生自殘行為。

對心理創傷事件導致精神疾病的不同解釋

	病因	病症	例子	
佛洛伊德	最近的心靈創傷事件。	對於和創傷事件有關的事或物，會產生過度的焦慮。	九二一地震生還者，在一段時間後仍對於生活中輕微的震動會產生過度的恐懼。	器質性精神官能症
佛洛伊德	心理發展階段所發生的心靈創傷事件。	因幼年的心理創傷經驗，出現歇斯底里的行為或強迫性的行為。	幼時遭受父母身體上虐待的人，在成年後，當被其他人碰觸到身體時，會產生歇斯底里的反應。	心因性精神官能症
客體關係學派	兒童與外在客體互動，受到負面影響。	受到客體的冷落或攻擊而產生挫折心理，形成恨意、敵意、嫉妒心，導致人格不穩定。	幼時經常受到父母冷落，鮮少和人互動，養成了以威脅、自殘做為爭取關愛、互動手段。	邊緣型人格疾患
自體心理學派	從小受到父母缺乏同理心的教養方式，使得人際互動失敗。	形成不完整的自體，成人後表現出不適當且具敵意的行為。	從小養成自我中心的行事風格，容易忽視別人的感覺。	自戀型人格型態

Chapter 5
精神分析的治療工具

精神分析療法是由佛洛伊德所創建,一開始是用於治療歇斯底里症狀的病患,佛洛伊德認為精神疾病患者在童年時期的心理發展過程中,未能滿足的慾望被壓抑至無意識之中,造成心理衝突而引發病症。佛洛伊德從治療過程中,也發現到治療者和被治療者之間存在著情感轉移的現象,同時患者往往會在關鍵性的問題上,發生阻抗作用,因此透過精神分析療法,諸如:自由聯想、夢的解析等方法,引導病患找出心理癥結,並在分析師的詮釋下,協助病患了解這些病症的成因,進而領悟並疏通心病的根源,讓症狀失去意義而消失,達到成功治療的目的。

學習重點

❖ 催眠真的有用嗎
❖ 什麼是自由聯想
❖ 什麼是夢的解析
❖ 為什麼有不同的心理詮釋方式
❖ 精神分析的治療環境有什麼特色
❖ 病患產生抗拒時一定不利於心理治療嗎
❖ 什麼是移情與反移情
❖ 精神分析為什麼能夠治癒心病

因為催眠對於某些歇斯底里病症具有顯著療效，因此精神分析在十九世紀末開展的階段時，佛洛伊德就將催眠技術視為一項重要的核心治療工具，雖然後來佛洛伊德摒棄了催眠做為精神分析的手段，但仍有其他的精神分析學家或是催眠治療師致力發展催眠治療的應用。

什麼是催眠

催眠是透過催眠師的誘導與暗示下，使被催眠者進入（半）睡眠的狀態，讓受催眠者由原本的意識狀態（通常是指清醒）轉變為另一種意識狀態（進入催眠的狀態），並在知覺、記憶或行為上對他人的暗示做出相應的反應。

催眠可藉由言語的暗示，例如催眠師以沉穩的聲音向患者說：你即將進入幽靜的空間裡；環境的布置，例如燈光柔和的舒適環境；或借助道具，像是指示患者凝視某個反覆震盪的鐘擺等方法，引導受催眠者達到完全放鬆，以接受催眠師的指示。催眠師可以正面的肯定語言向患者指出要改善的症狀，使其症狀消失；或是進行精神分析找出心病的原因，讓患者得以回溯童年的往事或心理創傷，並在催眠的過程中學習與了解，逐漸能夠接受與面對造成心病的根源，進而解除症狀。

然而催眠療法並非心理治療的特效藥，被催眠者的可暗示性高低及接受催眠的意願都會影響催眠的成效。即使被催眠者對於暗示的感受力強，卻沒有意願接受催眠，心理便會抗拒催眠師的指示，催眠效果就不佳；另

外，一些患有精神疾病的病患，因為本身會產生幻覺、幻聽等現象，也不適合催眠療法。

催眠在精神分析的應用

佛洛伊德的年代，催眠主要使用在歇斯底里症的治療，但因其治療效果不穩定，有些症狀得以暫時解除，卻可能又復發，或是病人心生抗拒，而無法進入催眠狀態，凡此種種皆不能真正治本，漸漸地專業精神醫療人員摒棄了這種治療方法。然而，隨著人們對心理病症與治療方式有愈來愈清楚地認識與區分，催眠被認為並非完全不可取，它對於矯正頑固性習慣，或是解除某些心理障礙、心身疾病上有不錯的治療效果。因此今日催眠治療技術轉而被應用在更適合的地方，像是戒除上癮行為，如酒癮、菸癮；或是體重控制，通過暗示使肥胖者減少進食衝動、改變飲食行為；在疼痛控制上更有顯著效果，即利用催眠引導患者產生愉悅感，達到鎮痛效果；其他可借助催眠治療的症狀包括：改善焦慮程度、找出潛在心理病因（探索早期記憶或創傷經驗）、改善心因性症狀（因心理問題產生的生理上不適反應）。

催眠療法

催眠

與睡眠最大的差別，在於催眠狀態下，仍可對外來刺激有反應。

原理

透過催眠方法，使人進入特殊的意識狀態，在過程中回溯病因、打開心結或接受正向指示，進而解除心理症狀，產生治療效果。

適合對象

受催眠的暗示性高
接受催眠的意願高

方法

1. **言語暗示**：透過語言傳遞暗示訊息給被催眠者。
2. **環境暗示**：利用音樂、燈光、陳設，布置出有助於催眠的環境。
3. **道具輔助**：借助催眠道具，如反覆擺動的鐘擺，使被催眠者凝視並配合催眠指示。

應用

- 緩解上癮行為，如戒菸、戒酒
- 降低焦慮
- 控制體重
- 控制疼痛
- 改善心因性症狀
- 找出心理癥結
- 改變態度

雖然催眠對某些歇斯底里病症有明顯的療效，但仍然有許多心理疾患是無法以催眠療法來解決，加上引導患者的暗示情境可能促使患者產生實際不存在的心理經驗，導致佛洛伊德後來揚棄了催眠做為心理治療的手段，而另外發展新的心理治療技術——自由聯想，取代了催眠在心理治療的地位。

什麼是自由聯想

　　「自由聯想」是指被分析者將自己腦中的任何思緒毫無保留地釋放出來，例如在心理治療情境下，治療師會要求被分析者將任何閃過腦中的片段思緒說出來，不論這些思緒是多麼荒謬、不合理，甚至是違反社會道德規範的內容都要講出，不能有所隱瞞。但治療師仍必須根據患者所陳述的內容，加以引導到問題的焦點，以利治療師了解被分析者的無意識中可能存在的心理衝突。治療師會對這些內容進行分析，並將分析結果告知病患，使患者明白其心理症狀的真實意義而釋懷，一旦症狀存在的意義消失，心理疾病自然就會康復。

自由聯想的假設

　　自由聯想是奠基於佛洛伊德的無意識假說及「本我、自我、超我」的假設之上，因為他認為無意識的意念是藏在「本我」之中，但和心理病症相關的無意識內容無法透過交談或是觀察病患外顯的特徵得知。佛洛伊德假設無意識之所以無法直接觀察的主要原因在於，「自我」的協調機制及「超我」的道德過濾機制的阻撓，使得存在於「本我」中的無意識內容無法直接察覺，因此想要了解個體的無意識心理運作，必須有一套方法可以避免協調機制及過濾機制的干擾，探求無意識的內容，找到引發心理疾病的原因。就如同在道路上有障礙物，必須繞道而行才能到達目的地一般，利用自由聯想的方法可以幫助治療師繞過障礙物，進而了解病患的無意識內容。

為什麼自由聯想可以找到無意識的想法？

佛洛伊德觀察到人們在交談時，有時會因為說話太快、心不在焉或是其他因素，而發生口誤的情形，例如稱呼「小強」為「小將」，有時候這些口誤的內容會顯露出自己不想讓外人知道的祕密；因此佛洛伊德認為利用自由聯想的方法來避開心理上協調和過濾機制的干擾，可以使難以啟齒的性慾望衝突（佛洛伊德認為這是心理衝突的真正原因）表現出來。

自由聯想的進行方式

環境

自由聯想是讓被分析者半臥在躺椅上，分析師坐在病人側後方。

做法

自由聯想時被分析者在不受妨礙的情況下，依照分析師給予的提示而引起的聯想順序如實陳述。

我心理想著，我正用我赤裸的雙眼看著如絨毛般的雲。

天上的雲不斷變幻，一會兒是方形，一會兒又變成圓的。

它們是液體的樣子兒，因為不一會兒通通凝結成水。

我認為或許我對水有某種妄想。

因為我的醫師告訴，我脫水了，我的身體沒有足夠的水份。

因為用這個方法可以讓我的身體喝到更多水。

我認為我想要加鹽巴到食物中，和我的口渴是有關聯的。

他建議我多喝一些水，像茶或礦泉水之類。

我對於自己身體所表現出的形式有許多想法，認為那是一種內心的自我平衡。

......

當治療時間到了，或是病患聯想不出其他東西，又或是治療者覺得此次內容已足夠了，便可以停止自由聯想。

被治療者
心理諮詢者或精神病患

治療者
心理治療師或精神分析師、精神科醫師

根據所描述的自由聯想內容，針對心理障礙或行為問題進行分析。

夢的解析

除了自由聯想之外，佛洛伊德還發展了另一種了解無意識的方法，那就是夢的解析，針對人們的夢境內容做分析，佛洛伊德認為做夢是一種無意識的狀態，因此治療師若可以直接窺視被治療者夢境的內容，便能了解個體的無意識運作，找出心病的成因，進而治療心理疾病。

從夢的隱義來解讀無意識

佛洛伊德認為，人在清醒的狀態時，會受到「自我」及「超我」的約束，將不被道德規範接受或不符合現實原則的慾望、衝動壓抑至無意識之中，而「夢」就像無意識的出口，將這些難以接受的種種慾望、想法轉化成富有象徵意義的符號，因此透過分析夢境的潛在意義，治療師可以找出被壓抑的慾望，進而發現病因。然而夢中無邏輯的情節跳躍、怪異的人、事、物出現等，促使精神分析學家對夢的解析分為兩派看法，並將夢境歸類為：①外顯的夢境，即人在甦醒後仍能記下的夢；②潛藏意義的夢，即夢內容所表達的無意識內涵。

主張解釋夢所潛藏意涵的學者認為，有一種特別的心理運作機制會將藏在無意識中的心理衝突加以偽裝，而此偽裝的形式便反映在夢的怪異表現方式，因此若分析師可以找到此偽裝方式的反向運作過程，他便可以透過閱讀夢境報告，將夢境內容還原為可被我們了解的形式，因此有些分析師便透過臨床案例的累積，發展出一套夢符號和外顯意義的對照規則，例如：當夢中出現了蛇或是具威脅性的動物，某些分析師便可能將之解釋為生活中遭遇了重大的困難。

以夢的顯義來了解無意識

然而，另一觀點的分析夢境理論認為，藉由分析夢境內容來了解無意識的意涵，應該以夢中實際所呈現的內容來加以分析，而不該過度地加入分析師的詮釋，或是強加一套符號對應的規則來解釋夢境的內容；基於此種看法，分析夢境的主要問題在於「可分析」或「不可分析」，而非解釋夢的符號表徵或是找出一套夢符號

現在的精神分析學家是如何分析夢的呢？

因為科學的發展，現在具科學精神的分析師大多不會採用僵化的符號法則去尋找夢境的意義，或是以個人的經驗去詮釋夢境，但仍會依循一些大原則來了解夢境的意涵，例如病人反覆述說他的惡夢經驗，分析師可能會懷疑，是否患者最近有遭遇過重大心理創傷，或是病人報告過去所做的夢大多具有色彩，而最近的夢則失去此種經驗，分析師可能會懷疑是否患者和顏色有關的腦機制發生了問題，或是生活中有哪些事件使病人抑制了此種機制。

對應規則。因為並非每個人對於夢境的內容都會有深刻的記憶，而且每次的夢境內容不見得和個體的心理狀態有顯著的關係，在此觀點下，尋找某一次重要的夢，並了解它和個體無意識的關係才是重點，而非刻意建立一套正確的解釋方法。

夢境分析的兩種觀點

夢不是夢的樣子
- 夢的象徵必須在精神分析師的協助下，經過翻譯發覺其意義。
- 做夢者使用自由聯想的技巧，說出夢中的每個元素，以破解不合理、怪誕的夢內容，揭露潛藏內容裡讓人不舒服的真相。

夢的隱義觀點

舉例

夢中有「鬼」，並不代表社會觀點中的威脅或害怕，患者必須針對「鬼」做自由聯想，以想起他遺忘或忽略的資料，這些資料具有個人意義，能透視「鬼」代表的意涵，連結到患者的症狀並給予治療目標。

夢
無意識內容的出口

- 展現平日無法實現的願望。
- 出現某些被壓抑的慾望。
- 重現童年期已被遺忘的經歷。

夢的顯義觀點

夢就是夢的樣子
- 明確的夢境圖像就包含了夢的全部意義，因為夢存在著人的集體無意識，因此具有共通意義。
- 分析師協助做夢者自行探索依附在夢中意象上的個人意義，發掘此夢與個人的特殊連結。

舉例

夢中有「狗」，可能代表著不受控制、攻擊、狗仗人勢、雜交、不道德……等意義，配合患者的個人歷史和所處文化，能更了解夢的意涵，找出患者的心理問題。

詮釋

不論分析師以何種方法或工具收集關於被分析者的心靈資料，最後分析師仍必須決定哪些資料是重要且相關的，之後依據這些資訊配合被分析者的個人背景及特質加以分析，也就是「詮釋」，分析過程和分析結果必然會受到分析師個人的臨床經驗，以及分析師所偏好的學派與該派別採用的詮釋方法等因素影響。

詮釋的目的

詮釋的目的是在於幫助被分析者釐清困擾心理的重要因素，詮釋可以做為心理治療的方法是因為心病患者容易陷入鑽牛角尖的思考模式，例如：憂鬱症患者在面對人生的難題時，所想到的解決方法往往就是自殺一途，而容易忽略其他可能的解題良方，因此分析師藉由自己的專業訓練，以他者的角度以及透過被分析者（患者）所提供的材料（可能是自由聯想的話語、夢境的內容或對自己病情的敘述），從旁提供多樣的詮釋觀點，協助被分析者理解以前無法理解的事情，而達到對自身問題的頓悟，進而改變對自己心理問題的解決方案。

詮釋的目的主要是希望幫助患者增加對自己心理問題頓悟的能力，分析師會逐漸將被分析者的過去記憶、夢境內容、自由聯想的話語或是天馬行空的想像，依據精神分析理論的假設將屬於無意識層面的內容，解釋給被分析者了解，簡言之就是幫助被分析者將無意識的心理層面意識化。

學派差異的影響

詮釋的方法不僅受分析師個人臨床經驗的影響，還牽涉到學派間不同分析觀點的差異，例如傳統精神分析學派會著重於一切心理衝突皆源於性慾能量（里比多）不平衡之故，而客體關係學派則會著重於主體及客體的相互關係，但人際互動學派的分析師可能會將主、客關係擴展至心靈個體和整個社會網絡互動所可能造成的心理衝突。

正因為學派不同會影響分析師如何選擇分析方法及過濾資訊，使得精神分析的客觀性及正確性受到外界質疑，因此晚近精神分析學派的分支融入了部分心理學中行為學派的觀點

何謂結構式晤談？

結構式晤談是指利用一些量化的工具來規範、組織晤談的過程及步驟，例如在會談之前，請被分析者填寫一些簡單的問卷及測驗，從這些量化工具，分析師可以預先得到被分析者概略的心理狀態及問題，進行會談時再根據這些資料以及清楚的會談目標和步驟來探索被分析者的心理問題。

（研究可觀察到的外顯行為），開始採用一些方法來改善，例如使用結構式的晤談等，使得不同分析師間的詮釋方法較有一致性，而不至於各說各話。

影響詮釋的因素

有心理困擾的病患（被分析者）向分析師求助。

收集被分析者的資料

依據每一個被分析者的背景與心理特質，收集其生活狀況、家庭背景以及精神方面的資料，如住院史、用藥紀錄、精神狀態、雙親關係。

被分析者的背景
與被分析者背景相關的資料，包括：早期記憶、夢、主要興趣與性向、主要創傷與不滿、主要壓力來源、支持來源等。

被分析者的心理特質
被分析者對性的態度、其內向性格或外向性格、對自己未來的期許等。

影響分析師詮釋方式的因素

1. 臨床經驗的影響
分析師分析不同的臨床案例，從中推論出一套詮釋方式。

案例甲　案例乙
案例丙

2. 分析師偏好的學派理論
不同學派理論對於心理衝突的起因有不同見解，形成不同的詮釋重點。

3. 分析師的個人特質及背景
進行分析的場合，分析師當時的心理狀態等等。

詮釋
分析師在收集並了解被分析者的病症與故事後，進行分析，亦即將被分析者的精神及心理內涵表面化的過程。

得出分析報告
推論出心理疾病的根源為何，幫助患者釐清困擾心理的因素、理解以前無法理解的事情、重新認識自己的感受、發現新的意義，使心理問題獲得抒解。

精神分析治療的環境與界限

大多數人對精神分析療法的典型印象是，一位被分析者躺在一張長躺椅上述說著他的心理困擾，而分析師坐在此躺椅後方的一張椅子上，聆聽並分析著病人的心理問題。看似輕鬆的治療場合下，其實有著嚴謹的規範，包括治療時間、晤談次數、分析師與被分析者之間的互動等等，不同學派之間也有相異的看法。

心靈放鬆的場景

在傳統的精神分析之中，因為強調無意識為一切心理衝突的所在，且無意識是被特殊的心理機制（本我、超我及自我的運作）所隱藏而難以發現，因此進行精神分析的環境通常會布置成一個容易放鬆及解除被分析者心理防備的場合，舒適的長躺椅便成了一個理想的選擇。

除此之外，為何分析師必須坐在長躺椅之後呢？因為在精神分析的理論當中，某些心理衝突會被特殊防衛機制加以壓抑；或是這些心理衝突是難以對他人啟齒的問題，因此分析師坐在被分析者不能直接察覺到的位置，用意在使被分析者在這樣放鬆的情境之下漸漸忘卻分析師的存在，而且被分析者不會因為不小心的視覺接觸察覺到分析師的存在，而又回復防備的心理狀態。

治療的界限①：時間

佛洛伊德曾對治療時間有嚴格的規定，限制每次會談時間不超過一個半小時，後來改為固定的五十分鐘；每週持續三至五次（目前普遍減少為每週一次）；一個療程約需二至五年。但拉岡提出不同的看法，他根據自己的治療經驗，發現若固定會談時間，病患會因為可預期結束的時間，而刻意與分析師展開持久戰，以時間限制做為逃避分析的藉口。因此拉岡將每次會談的時間改為靈活的彈性時間，分析師可由會談的內容決定何時可以停止，時間可長可短，甚至縮短到三至五分鐘就結束。

拉岡的理由是，彈性會談時間不僅可以消除病人的消極抵抗與情緒倦怠，還可以刺激病人的自由聯想。因為自由聯想鮮少照著事前訂定的會談時間同時結束，它有時可能很長，有時卻很短。拉岡認為彈性會談時間就像一個刺激物，刺激患者在會談中產生的新的聯想方向或內容。這種縮短會談時間或是讓被分析者不知何時會停止的方式，會促使被分析者產生內在壓力（或可視為動機），因而加強患者自由聯想的能量，使分析過程順利進行，最終達到無意識的語言化。

治療的場景

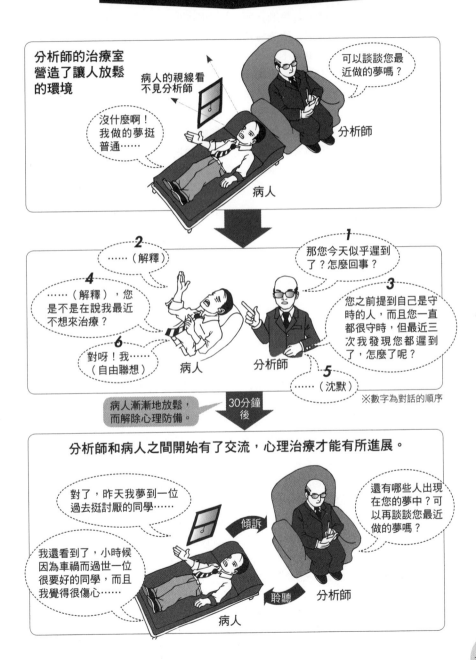

分析師的治療室營造了讓人放鬆的環境

可以談談您最近做的夢嗎？

病人的視線看不見分析師

分析師

沒什麼啊！我做的夢挺普通……

病人

2
……（解釋）

1
那您今天似乎遲到了？怎麼回事？

4
……（解釋），您是不是在說我最近不想來治療？

3
您之前提到自己是守時的人，而且您一直都很守時，但最近三次我發現您都遲到了，怎麼了呢？

6
對呀！我（自由聯想）

病人

分析師

5
……（沈默）

※數字為對話的順序

病人漸漸地放鬆，而解除心理防備。

30分鐘後

分析師和病人之間開始有了交流，心理治療才能有所進展。

對了，昨天我夢到一位過去挺討厭的同學……

傾訴

還有哪些人出現在您的夢中？可以再談談您最近做的夢嗎？

我還看到了，小時候因為車禍而過世一位很要好的同學，而且我覺得很傷心……

聆聽

分析師

病人

治療的界限②：中立性

自佛洛伊德以降便重視精神分析師在治療過程的中立性，分析師在面對個案，進行心理治療時必須維持自己在心智狀態的中立立場，不對前來求助的個案有先入為主想法。舉例來說，一般人見到衣衫不整、穿著破爛的路人會猜測此人可能是流浪漢，或看見某人眼神閃爍會懷疑此人是否經常說謊，諸如此類利用個人經驗及直覺的價值判斷都是分析師必須避免的狀況。

精神分析中所謂治療的中立性還有另一層意義，佛洛伊德的解釋是「平均地將注意的各個面向維持在一個未決的狀態。」佛洛伊德要求分析師，在心理分析過程中，不要對個案所說的任何話、所做的任何事加入個人的價值判斷，例如：當個案每次會談時都故意遲到，分析師不該對這件事感到生氣、不耐煩或是有其他情感的反應，應該將這個遲到事件視為分析的材料。

然而受到人本中心學派強調同理個案立場的影響，部分後世的精神分析學者認為旁觀者的角色並無法真正體會個案的心理狀態，超然的分析態度也會失去同理個案心中真正感受的機會；因此心理分析必須是由內而外的徹底剖析，分析師不只是像一面鏡子忠誠地反映出個案的心理狀態，還必須親自進入個案的心中去感受個案的感覺，才有辦法正確反映出個案的心理狀態。

治療的界限③：道德議題

在進行心理治療時，分析師除了要考慮環境因素、療程時間及立場中立的問題外，還有許多心理治療的道德兩難議題，這些問題包括：分析師使用自我揭露的方法來引導被分析者打開心防的做法恰當嗎？分析師必須完全避免在非治療場合和被分析者的互動嗎？當分析師的私領域情形可能影響到被分析者時，該如何處理呢？這些問題沒有絕對的答案，會依據治療者的臨床經驗、患者的實際病況、當下治療的情境等等，而有不同的考量。

舉例來說，個案可能會以和分析師交換各自的心事（自我揭露）為條件才願意陳述自己的問題，佛洛伊德認為分析師不應該和病人做隱私交換；然而，後繼的精神分析師採取了較彈性的做法，認為分析師是否可以使用自我揭露做為引導被分析者開始述說問題的方法，取決於分析師對於當下問題的專業判斷，例如：情感創傷的個案可能會不斷探問分析師的私人感情問題以做為自己（被分析者）自我揭露情感創傷的條件，此時分析師必須仔細分析個案提問的目的，以決定是否要回應個案的問題，或是讓個案明白分析師的私領域並不會對他的病情有所幫助，引導個案將關注焦點轉回自身的心理問題上。

治療的界限與對立看法

治療的界限①：時間

固定時間制
每次會談時間：五十分鐘；每週持續三至五次，或一週一次；一個療程約需二至五年。

設立規則較能掌握治療進度、保有治療師的中立

彈性時間制
治療師可依據會談的內容決定何時停止，時間可長可短，短則三至五分鐘就結束。

無法預知時間下，患者不能逃避分析並刺激聯想

治療的界限②：中立性

保持中立性
治療師如同一面空白螢幕，毫無保留地接受案主的心靈資料；案主也能自由且無顧慮地表達心理衝突。

治療師避免主動介入，以激發患者解決問題的潛能

適度介入
治療師要能夠同理患者的感受，才能理解其心理狀態與困擾，並提出建言與詮釋，協助案主找到答案。

完全客觀的分析立場無法真正理解患者的心理困擾

治療的界限③：道德議題

堅守分際
面對病人不恰當或過分的要求或舉動時，治療師必須謹守分際，避免威脅到治療本身。

避免道德爭議、扭曲治療的中立性

彈性拿捏尺度
治療師要依據專業判斷、患者的病況、晤談的情境……等因素，適度處理，而非一概拒絕。

病人的舉動蘊藏著無意識的內涵，回應要求有助於治療進展

精神分析師與患者的關係

傳統的心理治療和其他醫療領域雷同，普遍存在著「醫者觀點」的治療方針，但美國心理學家卡爾‧羅傑斯認為心理治療應有別於一般醫療程序，改採取「病者觀點」，才有助於患者面對治療時更能開誠布公地揭露自己的心理衝突，以「病者觀點」的思考方式，除了影響醫病關係的轉變並改變了後世的治療方針。

醫病關係的改變

在典型醫學領域當中（包含心理治療場域），醫者及病者一直都是從屬關係，醫者是一個知識的權威者，而病者是無助或是羸弱的角色，必須服從醫者的指示，然而受當事人中心治療法之父卡爾‧羅傑斯的影響，治療師的觀點逐漸轉向主張治療成敗的關鍵不在於醫者知識是否廣博、診斷是否絕對精確，而在於醫者是否能給予病者一個支持的、絕對尊重的治療環境。

部分後世的精神分析師受此思維影響，認為心理衝突往往是難以向外人啟齒或是病者強加壓抑的往事，若治療師能給予個案一個支持且尊重的治療情境，將病者視為「個案」，讓彼此成為同儕關係，而非將對方視為「生病的人」，如此病者才能較自由地向治療師闡述其心理衝突。

非指導式的治療方針

有別於典型的引導式醫病關係（醫生詢問病人的困擾，之後根據病人的症狀及相關的醫學知識提供適當的治療策略），同儕關係式的治病理念認為人具有解決自我困擾的潛能，治療師的工作是協助個案自行治癒自己的心理病症，而非使用某種方法治癒個案的心理病症。在《心靈捕手》這部電影中，演員羅賓威廉斯所扮演的心理治療師即採用類似同儕關係式的治療理念，他沒有使用催眠或是自由聯想等傳統的精神分析治療策略，他僅是提供個案絕對的尊重、無條件的支持以及適時地同理個案的心境。

因此，在治療師所營造的舒適、安全環境之下，以真誠、同理的態度、及正向的關懷來面對個案，讓當事人覺得自己完全被接納、理解，使他得以較無防備地抒發心事，開始接納自我，進而尋找出自己的心理衝突。當個案體認了自己的心理問題後，治療師的工作便結束，因為此同儕關係的治療理念認為，當個體清楚地知曉自己的問題後，他便能靠自身的力量解決此問題，而不需要治療師告訴他該怎麼做。

治療關係的理念

典型的醫病關係

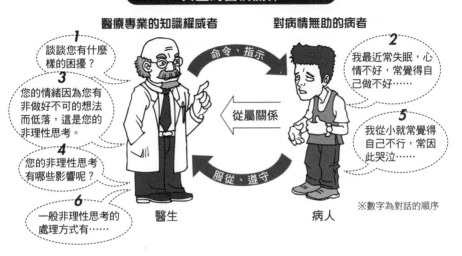

當事人中心觀點的醫病關係

阻抗

心理治療師利用自由聯想等治療技術試著讓被分析者敞開內心，釋放無意識的資訊，以找出心病的根源，但要讓患者再次面對自身的心靈創傷並不容易，往往會遭致抗拒，若治療師無法妥善處理這些抗拒，甚至會導致更嚴重的危害。

什麼是阻抗

　　心理治療通常是一段充滿荊棘的過程，雖然大多數求助者（案主）在意識上希望能透過療程改善自己當前遇到的心理問題。但是當案主知道要根治這些心理問題可能必須再次經歷過去造成心理問題的痛苦經驗時，案主的實際表現卻是不斷地抗拒，而這些抗拒行為就是所謂的「阻抗」，也就是阻礙治療進展的種種反應。

　　在治療過程中，常見的阻抗包括：個案在做自由聯想時常會表示聯想困難；或說腦中沒有任何想法，而要求這次不要進行此類治療；或是每次會談，個案總是無法守時；或對於治療師的解釋不加思索，總是持反對的看法；在被問到自己形成心理衝突的重要問題時，說話就變得吞吞吐吐且語焉不詳等，凡此種種皆是阻抗的表現形式。

阻抗是心理治療的重要現象

　　佛洛伊德認為心理治療的目的並非鼓勵患者克服阻抗，因為抗拒改變是心理疾病的一種自然現象，相反地，治療師必須幫助患者體認到心理阻抗的存在，透過詮釋的技術讓患者知曉為何自己會有阻抗的行為及思想，並針對患者的阻抗給予適當解釋，讓患者得以了解阻抗在病情上所代表的實際意涵。

　　因為阻抗是患者的無意識拒絕改變的表現，它代表著患者的心理病因，所以分析阻抗是了解心病原因的重要線索，阻抗的出現也代表著改變的時機即將來臨。精神分析的治療目的除了要讓患者意識到阻抗的存在，還必須幫助患者了解阻抗的原因，讓患者得以釋放壓抑已久的情感或是經驗，因而接受改變，使心理治療有所進展。

阻抗的作用和意義

阻抗發生的理由

在心理治療過程中，案主不願再度面對過去的痛苦經驗或感到羞恥、愚蠢的感覺及幻想……等潛藏在無意識裡的內容。

案主表現出逃避、抗拒的態度，或不願吐實、說話吞吐，阻礙治療的進行。

阻抗的意義

阻抗是案主無意識中拒絕改變的表現，也是案主壓抑已久的衝動、慾望、感覺，導致心理病因。

阻抗是治療中的重要現象，也是改變的轉機，治療師必須分析案主阻抗的內容，使患者能從壓抑的情緒及經驗中釋放出來。

移情是佛洛伊德在心病患者進行精神分析時，所發現的一種心理治療的特有現象，此種現象常會發生在自由聯想的過程中，病人對治療產生了某種強烈情感，將自己過去生命中對某些重要人物的感情投射到治療師身上，相反地，治療師對病人所產生的移情，則被稱為反移情。

什麼是移情

「移情」是指一種心理情感轉移的現象，大多發生在無意識的層面，例如：某位男孩在生活中遇到一位與初戀情人有著相似特徵的女孩，使他在無意識中對這位和舊情人相似的女孩產生情感。

在進行精神分析的過程時，移情特別是指在治療的情境之中，患者將無意識中對過去某個重要的人（如父母、其他家庭成員或情人）的情感和經驗轉移至治療師身上，使原本的醫病關係轉變為親子間、情人間或是朋友間的情感關係，事實上治療師只是患者原來情感對象的替代者，患者可藉此抒解自己的心理病症，治療師也可以從移情中，察覺患者的無意識慾望或其心理困擾的原因。例如：一個有戀母情結的患者可能在治療的過程中，將對母親的情感轉移到治療師身上；因為對母親的情感在道德上不被允許（超我的心理機制會禁制此無意識想法），但對治療師產生情感則沒有人倫上的道德限制，因此患者的心理病症可得到緩解。

如何處理移情

移情的處理是心理治療的重要過程，也是心理治療成功的關鍵，患者產生的移情可能是正向移情，將治療師視為喜愛的對象，而表現出順從、愛慕甚至性愛的慾望；也可能是負向移情，將治療師視為敵對的人，表現出厭惡、憎恨、抵抗的態度。治療師面對病人的移情現象時，會以此做為材料，輔以適當的方式進行詮釋，使病人了解到移情發生的過程中，哪些成分是和病人的無意識有關係，例如：「自我」和本能「本我」的衝突，使病人將治療師視為愛戀的對象以化解自己無意識中禁忌的愛……等，透過治療師的引導，病人可以較和緩的方式了解到自己的心理衝突，將移情轉化為有利於治療的因素。

由於移情是患者過去的創傷經驗以另一個面貌重現，治療師可藉此了解造成患者心理困擾的過去經驗與感受，並且幫助患者體認到移情的發生，協助去分析、詮釋移情現象，使之和病人目前問題的關聯可以更清楚的顯現，如此病人方可找到心病的根源，且透過處理移情，可協助案主對自己的過去有更深刻的認識和領悟。

移情的發生與作用

心理治療的互動

心理治療的互動促使患者面對無意識中的心理衝突。

解決心理衝突

在解決患者的心理衝突過程中，因為治療師在此情境下扮演完全包容理解的角色，很容易成為患者寄託情感的對象，將道德上不允許的情感轉移到治療師身上。

產生移情

患者在無意識中或是意識層面上對治療者產生特殊的情愫。

處理移情

移情代表著患者過去的創傷經驗，治療師可從中去分析、詮釋病因，並讓患者理解移情的發生原因，對心理困擾有更深的了解。

什麼是反移情

「反移情」是移情的相反過程，也就是在心理治療的過程中，治療師對患者產生情感的轉移。治療師也是一個心靈運作的個體，也可能會有某些被壓抑的無意識情感，因此治療師在心理治療的過程中，因為長期地和患者互動，可能受到患者的態度、行為、過去經驗或是會談中特殊議題（如性誘惑）的影響，而將這些無意識的情感釋放出來，對患者表現出情感共鳴、正面或負面的態度傾向、同理或抗拒等反移情的情緒或反應。

早期精神分析理論認為當反移情出現時，會削弱治療師的分析能力，無法正確地詮釋病人的無意識內容；但今日，反移情已被視為心理治療的一種技術，其定義擴大為治療師在治療過程中所體驗到的感覺、想法和反應，由於這些體驗與病人的心理有關，因此治療師可以進一步分析自己在治療過程中被病人引發的感覺與想法，以了解病人的內心世界。

如何處理反移情

治療師必須覺察並審慎處理自己的反移情現象，才不會使反移情成為治療過程中的負面影響，造成治療被迫中斷、無法做出客觀判斷、治療關係趨於緊張、治療時間無法準時結束等不利結果。當治療師發現自己對患者有過多的情緒涉入或出現不尋常的言行，必須去注意與檢視這些強烈的情緒和反應，若發現自己已陷入反移情之中，處理方式包括：以專業能力和技術去詮釋及面對反移情、不斷地自省與覺察、接受他人的輔導與分析、暫時擱置與克制……等。

由於反移情是治療師在心理治療過程中不可避免的經驗，若能妥善運用反移情，不但能增進治療師本身的成長，還能將此情緒根源轉化為對患者的了解，催化心理治療的進展。

移情是心理治療成功的結果嗎？

當被治療者將被禁制的情感轉移到治療師身上，雖然心理病症可以得到緩解，但是因為治療關係不可能永久的持續下去，因此有些精神分析學家認為移情現象是治療的過程，而非達成治療成功的結果，適當地將被治療者的情感轉移到適合的地方，或是以可行的方法使被治療者體認到他的此種情感，並能與本來所排斥的這種情感共處，才能達到治癒的目的。

反移情的發生與影響

反移情的發生

治療師對患者產生情感的轉移

影響因素

反移情的產生,可能受到治療師的個人特質與經驗、無意識情感,或是治療中的特殊事件及議題、個案的特質或移情等影響。

治療師   或   病人

正向感覺
欣賞、喜歡、認同

負向感覺
敵意、生氣、愧疚

反移情的行為

- 治療師過度涉入
- 形成非治療關係
- 忽略個案的問題或保持距離
- 治療師順應個案要求

覺察

反移情的處理

- 運用專業能力
- 不斷自省與自我接納
- 接受輔導

成功

治療者藉由分析反移情了解患者內心困境,使治療有進展,並促成自我成長。

失敗

造成治療中斷、治療關係緊張,甚至放棄治療。

治療成功的要件：領悟與疏通

因為心理問題是源自於人類內在的心靈運作失常，不同於外科手術可從人體取出異物般的強行介入，精神分析的工作如：詮釋、夢解析或自由聯想等，都是將個案推至一個心靈準備改變的狀態，最終還是必須交由個案自己來催化改變的發生，而這個催化劑就是「領悟」及「疏通」。

什麼是領悟

精神分析的目標之一是希望將造成心理衝突的無意識內涵，透過分析師的引導與詮釋，呈現在被分析者的意識層面，讓個案了解自己心理問題的根源。但即使分析工作已做到此點，並不代表被分析者的症狀就會自然消失，要促成被分析者自主的行為及心理症狀改變，需要被分析者體認到造成自己心理問題的無意識意涵，而對過去的事件有新的了解，並且意識到與現在情緒的關聯；簡單來說，促成心理症狀的改善必須靠著被分析者對無意識中的心理衝突「心領神會」，而非靠著分析師將被分析者的無意識內涵呈現於前，僅僅體認到此心理衝突的存在。

因此領悟不僅是讓患者認知到心理衝突的存在，還包括理解無意識內涵對自己行為的影響、認識自我的內心衝突或慾望，讓個案開始對自己的心理困擾有更完整的了解，進而連結過去和現在相關的種種感覺、態度和行為，學會接納並修正過去的心理衝突，使心靈逐漸恢復平靜。

什麼是疏通

當被分析者領悟了自己的心理衝突，便具備了自我檢視心理症狀的能力，也能接納並信服分析師對心理問題的詮釋，在此階段患者會和分析師討論並擬定可能的改變計畫，精神分析稱此心理狀態為「疏通」。例如：罹患憂鬱症的病人在心理上疏通之後，開始學習接受正向、樂觀的思考方式，然而，若病人在沒有達到疏通之前，分析師就建議或是強行實施行為改變計畫，即使病人知道這些改變計畫是為了改善自己的心理症狀，仍會無意識地抗拒這些改變。

由領悟帶來的疏通可以強化病人對過去的心理衝突有更深刻的領悟，而疏通後對當前問題所擬定的改善計畫會反饋至病人對心理問題的領悟，如此循環反饋進而達到心病的痊癒。

領悟及疏通

精神分析的治療過程

進行自由聯想、夢的解析、詮釋……等精神分析工作均是為了將患者的心靈引導至準備改變的狀態。

治療師　　　　　個案

領悟階段

患者認知到心理衝突的存在,並能理解此種困擾對自己的影響,也對當下與過去的種種反應心領神會。

個案

疏通階段

患者能接納並面對心理問題,朝向正面、積極的思考,並逐步進行改變。

治療師　　　　　　　　　　　個案

Chapter 6
夢的解析

分析夢境是精神分析的重要方法之一，藉由了解夢境內容，精神分析學家透視被分析者的無意識，解析案主的人格結構。隨著科技進步，科學界透過夢的研究得以窺見神奇的心靈運作方式，試著回答長久以來人類不斷思索的問題，諸如：意識的根源？是什麼構成「自我」？一九五三年是科學界對夢境了解的分水嶺，快速動眼期睡眠的發現以及它和做夢經驗的高度相關，提供了精神分析學家新的夢理論，也因此改變了夢境解析的觀點。

學 習 重 點

❖ 佛洛伊德的夢假說
❖ 夢的解析——傳統精神分析方法
❖ 榮格的夢理論與佛洛伊德有何不同
❖ 睡眠研究對夢境分析的影響
❖ 夢和快速動眼期睡眠的關係
❖ 分析夢境的量化方法
❖ 夢的神經生理學觀點
❖ 夢的認知神經科學觀點

佛洛伊德的夢假說

一九〇〇年出版了一本由佛洛伊德撰寫，關於夢境理論的著名作品——《夢的解析》，佛洛伊德歸納了在與患者會談過程所搜集到的夢境資料，其中也包含了他自己的夢，並根據精神分析的理論，闡述了他對夢境的看法以及如何分析夢境。

夢是願望實現的途徑

和多數人一樣，佛洛伊德對於夢的奇特以及夢的功能產生好奇，佛洛伊德分析他所做的一個奇特的夢，推論出他的夢假說——「夢是願望實現的途徑」。

以下是關於佛洛伊德的夢境紀錄，這個後來被命名為「怪傢伙」或「伊瑪的注射」的夢也啟發他繼續深入研究夢的問題。

在夢中，佛洛伊德巧遇了一名他的女性患者伊瑪，他覺得她看起來似乎不是很好，並且感到她可能有一些心理問題；場景一換，佛洛伊德和另外三位同事為這位患者進行檢查，這名患者被要求打開嘴巴，佛洛伊德和他的同事發現，患者嘴巴裡頭有一大塊白色斑點，看起來像是鼻樑骨；佛洛伊德給了個診斷，認為這個病是因為另一名同事使用了被汙染的針筒，為這名患者注射某種藥物所造成的。而且在夢中，佛洛伊德感到親眼見到這項藥物的用藥指示以粗體字的方式呈現在他面前。

佛洛伊德認為，現實生活常常事與願違，白天所產生的煩惱會影響著心智運作的處理，但在睡夢中，人類躲開了現實生活中的各種壓力，想

要享樂的本能便支配了心智的運作，因此心裡潛藏的願望便會透過夢境呈現，經由專家的分析，我們即可了解自己的無意識。佛洛伊德分析他自己的夢，認為因為他對夢中的這名病患病情惡化的情形覺得有罪惡感，因此希望藉著將責任轉移到他的同事身上，得以減輕自己的罪惡感。

夢是睡眠的守護者

在一九五三年之前，人們普遍認為睡眠是一個平靜且完全沒有活動的狀態，藉由睡眠，生物得以恢復身體上及心靈上的勞累。在這樣的知識背景影響下，佛洛伊德認為心理衝突（例如：想將病患的病情怪罪於同事身上的，但現實生活中是不可行的）如果不加以處理會干擾睡眠的平穩，所以這些心理衝突轉換成了潛在願望，藉由「夢」表達出來，以佛洛伊德的話來說：「夢是一種潛在願望的偽裝形式。」如此一來，睡眠得以平穩進行，白天所產生的勞累也得以恢復。

佛洛伊德假說──夢的功能

白天清醒時承受各種壓力
清醒時面臨現實生活的種種難題與
壓力……等，使得身體疲倦，並產
生各種心理衝突。

夜晚睡眠休息
人須藉睡眠休息恢復精神和釋放壓力。但白天產生的心理
衝突若不經過處理，必然會干擾睡眠的平穩，因此，睡眠
時心理衝突的處理如下：

心理衝突

由想要享樂的「本我」
支配睡夢中的心智運作

轉換

以做夢表達出
「潛在願望」

夢境內容

「夢」是睡眠的保護者，
避免各種刺激干擾睡眠。

現實壓力

其他刺激

心理煩惱

白天起床後恢復精神
經一晚的休息後，隔天一早，
內心的煩惱完全消除，身體的
勞累也得以恢復。

考量分析的時空背景與心理狀態

在佛洛伊德對夢的分析方法尚未出現的年代，解夢多採用符號對應的方法，即特定的夢中物件代表著特定的意涵。例如夢中出現烏鴉則代表不幸的對應法則，就像解譯摩斯電碼一樣，將一般人無法了解的夢內容，翻譯成可被了解的意義。但佛洛伊德認為分析夢境，無論是採用符號對應法、或是後來加入了被分析者的性格因素及社會地位考量的符號對應法的變形，皆不足以正確地分析夢境意涵，因為這兩種分析法忽略了被分析者的整體性，當夢境的片段被拿出來單獨解譯，任何詮釋將不具備實質上的意義。例如當夢境中出現「信件」則對應於「苦惱」；出現「黑色的東西」則對應於「不幸」，像這樣的片斷詮釋將不具備實質上的意義。

相反地，佛洛伊德採用整體觀點來看待分析夢境這件事，他認為分析除了要奠基於正確的性格理論外，還要考量被分析者當時的時空背景及心理狀態。也就是說，分析夢境不僅要關注夢境的內容，還要考量被分析者的心理動力模式。

然而，佛洛伊德所收集到的夢境樣本大部分是取自患有心理疾病的個案，他體認到使用這些樣本所歸納出的夢境分析方法，若做為分析心理健康者的準則，似乎失之偏頗，此外還有夢境報告內容真確性的問題，因此佛洛伊德最終主張利用內省法所收集的夢境報告才能建立較客觀的分析方法。

解讀佛洛伊德的夢

佛洛伊德藉由對自己的夢做分析，有助於他利用自己所創造出來的精神分析方法去探究無意識的運作，他在《夢的解析》一書即花了很大的篇幅去分析並說明他如何解讀自己的夢境——「伊瑪的注射」，首先必須了解做夢者的時空背景，當時佛洛伊德正為這名病情久未改善的女性病患伊瑪感到苦惱，另一方面，伊瑪又是他家族成員的親密好友，因此佛洛伊德也擔心若無法成功治癒她，會危及自己與家族成員和這位好友間的情誼。與此同時，他和另一名同事談論了關於伊瑪的事情，而同事所說的某些話語使他感到惱怒。

因此佛洛伊德解釋自己夢境中女性患者伊瑪所出現的不明病徵，代表著他白天對於此患者的病情感到焦慮與無助，而夢中同事的不當檢查及以粗體字明顯呈現的藥名，表示佛洛伊德的無意識中想將可能失敗的治療結

果歸咎於同事身上。佛洛伊德通過分析自己的夢，發現他做這場夢的動機是隱藏在自己內心的某種意向，之後他還分析許多自己的夢，發現夢境內容與個人的無意識有密切的關係。

佛洛伊德的夢分析法：以「伊瑪的注射」為例

分析夢境的方法

❶ 做夢者的性格型態
考量做夢者的性格特徵，納入夢境內容的分析中。

例如

佛洛伊德具有追求完美、無法容忍失敗的性格，因此對患者病情能否痊癒殷切期盼。

一定要治好

奠基一套性格理論
佛洛伊德以性心理發展理論、意識及「我」的結構理論為基礎，做為分析夢境的理論依據。

＋

❷ 做夢者所處時空狀態
引起做夢者焦慮心理有關的事件，例如當時外界的壓力等等。

例如

對此苦無對策的佛洛伊德。

患者病情未見起色

同事的話語暗示治療無效

❸ 回憶夢境的內容
分析夢中出現的元素，詮釋其意義。

例如

列出夢境內容

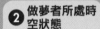

嘴巴有異物的女病患

被放大標籤的藥罐

白天對談的同事

解讀夢的意義
佛洛伊德無意識之中想將治療可能失敗的結果歸咎於同事，以減輕對患者的歉疚及內心的焦慮。

❹ 做夢者心理動力模式
考量做夢者當時的心理狀態、情緒反應。

例如

佛洛伊德對於可能治療失敗而導致患者與家族友誼破裂，感到非常焦躁、憂慮。

擔心影響友誼 ➡ 精神負擔加重

榮格的夢假說

異於佛洛伊德的「夢是無意識的心理衝突出口」的夢假說，榮格強調了正常心理及人類共通文化的重要性，並以補償與互補作用解釋夢境的內容為心智運作的一種獨特形式，夢既不是無意識的表現，也不是白天的心智運作的壓抑，榮格認為「夢就是夢」。

夢即是夢

榮格認為夢的內容就是另一個心智層面的反映，他將夢境視為心理能量的產物，是經由內在心理狀態自發產生的意識或無意識影像，它反映出做夢者當時的心智狀態，如同一幅自畫像，畫出了做夢當下的自我；因此解釋夢並不需要根據一套特殊的符號對應規則加以轉譯才能被了解，直接解讀夢境內容就是最好的解夢方法，正因為如此，夢醒後對夢境內容的記憶與描述是否真實對於解釋夢境變得非常重要。

做夢者陳述夢境時所產生的人為失誤，例如：夢境的部分遺忘、或是因為人為期望而扭曲了夢境內容，都可能使解釋不正確。此外，夢的解釋並非得完全依附於夢境內容，榮格認為文化因素也可能是解釋夢的要素之一，因為在人類的心靈當中，存在著全人類共通的文化意象，榮格稱之為「集體無意識」，他用「集體無意識」說明為何身處不同國家、文化的人們，在夢中卻會出現同樣的特徵及相同意義的解釋。

夢是心理狀態的天秤

在解釋夢境上，榮格提出了兩個重要的觀念——補償與互補。「補償」是指夢具有調整心理失衡狀態的功能。當一個人對客觀環境適應不良，或是內在「本我」的需求無法得到滿足時，透過做夢可以適時地調節這種心理的不平衡狀態，例如一個遭受伴侶遺棄的失婚者，可能會在夢中夢見自己和一名比原先伴侶條件更佳的對象交往或是結婚。

然而，做夢並非異常心理的特權，榮格以「互補」來解釋正常心理為何也會做夢，他主張若自我的理想在意識層面已接近實現，夢可能會反映出尚欠缺的部分，此時，夢境便成了維持自我實現完整性的心理機制。例如：一名研究生在畢業論文即將完成之際遇到了難解的瓶頸，白天可能苦思不得其解，到了入睡時，他可能會夢見解決此問題的線索。

補償和互補並非兩個完全獨立的觀念，「互補」是正常心理狀態時的做夢機制，做為心理遇到困難時的協助者角色，「補償」則是心理遭受折挫或感到失落時發揮功能，因此「補償」可說是「互補」觀念的延伸。補償和互補的概念使得榮格的假說不只關注異常心理且能解釋正常心理的夢，相較於佛洛伊德的假說，榮格似乎提供了一個更圓融的假說。

榮格的夢境假說

夢

即是 →

心理狀態的產物
1. 自心理狀態產生的意識或無意識的影像
2. 反映做夢者當時的心智狀態

↓ ↓

直接解讀即可了解
直接解讀夢境內容就能了解，不需要依賴一套符號對應規則。

夢的作用

夢的心理「補償作用」
當心理遇到挫折或是感到失落時，夢可以調整心理失衡的狀態。

例如

白天掉了千元大鈔而感到懊悔，晚上睡覺時夢到自己撿到一大筆錢，彌補了現實中不好的遭遇。

夢的心理「互補作用」
夢維持自我實現的完整性，反映出自己目前欠缺的部分。

例如

雖然數學考試得到高分，但因為不夠細心，而錯在不該錯的題目才沒拿到滿分；晚上睡覺時夢到自己在考試快結束時，回頭檢查考卷，提醒自己粗心之處。

快速動眼期睡眠研究的發現

一九二九年德國科學家伯格利用他所發展出的腦波測量方法,發現人類在閉眼休息的狀態下,大腦腦波會呈現相當規律的 α 波;一九五三年美國芝加哥大學的阿瑟林斯基和克雷曼長時間記錄人在睡眠下的腦波活動,推翻了過去對睡眠的固有看法──睡眠是完全靜止的休息狀態,並在之後的研究發現了快速動眼期睡眠。

α 波的發現

在大腦活動測量技術出現之前,想要了解人類大腦如何運作只能透過觀察人死後的腦部解剖來推測,在此背景之下,心智運作和大腦活動被視為完全不同的概念;而腦波的測量是人類第一次可以間接地觀察活生生的腦部活動。

在偶然的情況下,伯格發現當人的雙眼緊閉且處於放鬆的狀態下,腦波圖會出現相當規律的八至十二赫茲的低振幅波形,也就是現在所稱的 α 波;α 波的發現使得科學家相信,藉由觀察腦波可以幫助了解人類的大腦活動,例如:當腦波出現 α 波可能代表著放鬆的狀態、θ 波可能是淺眠的狀態;此外,腦損傷病人在受傷前後心智功能的改變,在經過腦波檢查後,發現受傷前後腦波亦有明顯的變化,促使科學家相信大腦活動可以反映心智活動的狀態。

快速動眼期睡眠的發現

在一九五三年之前,雖然已發展出腦波測量的方法,但因為睡眠一直被認為是靜止且沒有活動的狀態,加上記錄整晚的睡眠又是一項耗時又費力的工作,因此鮮少有科學家願意觀察整晚的睡眠活動。阿瑟林斯基和克雷曼透過腦波測量進行了一項當時認為無意義的實驗,卻因此發現了睡眠並非完全靜止的狀態,而且睡眠時腦波活動呈現了規律且週期性的變化。

一個睡眠週期是從臨睡時的低振幅 α 波及 θ 波交雜,到淺睡時全部為 θ 波,再到深睡時高振幅的 δ 波,然後進入快速動眼期睡眠(Rapid Eye Movement Sleep,縮寫為REM Sleep),此時有著臨睡階段的腦波狀態,眼球快速地左右移動,全身大部

什麼是腦波?

因為大腦內神經訊息的傳遞是一種類似電流的活動,因此在大量神經細胞聚集的大腦中會產生電位活動,藉由置放電極在頭皮的表面,我們可以測量到不同點間的相對電位;腦波就是這些電位活動的反映,因此腦波的變化暗示了大腦活動的狀態。科學家藉由敏感的訊號接收儀器進行分析並放大這些微弱的訊號,連接上繪圖儀器,畫出我們所看到的腦波圖。

分的肌肉活動受到大腦神經訊號的抑制。通常整晚的睡眠中，REM期睡眠會出現在沉睡階段及即將清醒前，若在REM階段喚醒睡眠者，通常會得到正在做夢的回答，因此觀察快速動眼期睡眠的各項生理活動，我們可以推測睡夢中的人，在何時做夢，做了多久的夢。

睡眠的週期性變化及快速動眼期睡眠的發現使得以往認為「睡眠是平靜無活動的狀態」的看法必須修正，且佛洛伊德所持的「夢是睡眠的守護者」的假說也受到了懷疑；「睡眠是一項週期性的生理活動過程」的新觀點改變了科學家對夢境分析的看法，也豐富了精神分析的內涵。

什麼是 α 波、θ 波、δ 波？

α (alpha) 波：腦波中8-12赫茲的波動，呈現節奏規律且密集的波形。

θ (theta) 波：腦波中4-7赫茲的波動，呈現鋸齒般緩慢上升又快速下降的波形。

δ (delta) 波：腦波中低於3赫茲以下的波動，呈現大而緩慢的波形。

睡眠的不同階段

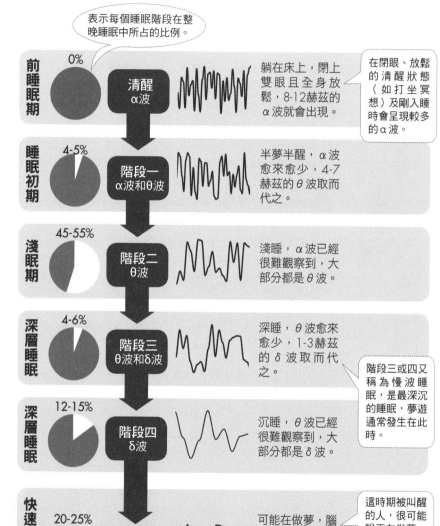

表示每個睡眠階段在整晚睡眠中所占的比例。

前睡眠期

0%

清醒
α波

躺在床上，閉上雙眼且全身放鬆，8-12赫茲的α波就會出現。

在閉眼、放鬆的清醒狀態（如打坐冥想）及剛入睡時會呈現較多的α波。

睡眠初期

4-5%

階段一
α波和θ波

半夢半醒，α波愈來愈少，4-7赫茲的θ波取而代之。

淺眠期

45-55%

階段二
θ波

淺睡，α波已經很難觀察到，大部分都是θ波。

深層睡眠

4-6%

階段三
θ波和δ波

深睡，θ波愈來愈少，1-3赫茲的δ波取而代之。

深層睡眠

12-15%

階段四
δ波

沉睡，θ波已經很難觀察到，大部分都是δ波。

階段三或四又稱為慢波睡眠，是最深沉的睡眠，夢遊通常發生在此時。

快速動眼期睡眠

20-25%

REM睡眠
α波和θ波

可能在做夢，腦波出現類似清醒的腦部活動，眼球也間斷出現快速轉動。

這時期被叫醒的人，很可能說正在做夢。因此時肌肉呈現完全放鬆的狀態，所以無法照著夢境做動作。

「REM睡眠＝夢境」 VS.夢假說

快速動眼期睡眠的發現雖然揭開了睡眠活動的實際面貌，但對於睡眠和夢境的關係，是在一九五七年，當時還是芝加哥大學醫學院學生的迪蒙特和睡眠研究專家克雷曼的一個實驗中，才發現快速動眼期睡眠和夢境經驗報告有著高度的相關性。

做夢經驗和REM睡眠的關係

奠基於阿瑟林斯基和克雷曼發現的快速動眼期（REM）睡眠，迪蒙特接著和克雷曼進行了一連串和睡眠生理活動有關的實驗，其中一個實驗是比較喚醒正處於「快速動眼期睡眠」的熟睡者及「非快速動眼期睡眠」（NREM睡眠）的熟睡者的夢境經驗；他們發現REM睡眠報告有做夢經驗的人數遠高於NREM睡眠的人，且在REM睡眠中被喚醒時，大多能描述具有故事情結、無現實感、不合理的情境跳躍、似精神病患者的幻覺經驗、強烈的情緒、視覺鮮明的夢中影像等特質的夢境內容。

迪蒙特和克雷曼的研究發現以及後續許多反覆的驗證，讓多數的研究者認為快速動眼期睡眠就是夢境發生的當下，進而推論快速動眼期睡眠就是做夢經驗；然而這個推論卻和佛洛伊德所主張的夢假說：「夢是發生在睡眠的任何時間」的前提相矛盾，成為往後夢境研究中爭論未休的議題。

「REM睡眠＝夢境」VS.夢假說

以佛洛伊德的夢假說為例，他認為夢境可能發生在睡眠中的任何時刻，代表著無意識在睡眠中隨時處理著清醒狀態下的心理衝突，將其轉化為符合潛在願望的偽裝形式，藉此得以圓融地解釋無意識和心理衝突的假說；在REM睡眠觀點被提出之後，由於收集自REM睡眠的夢境報告具備有較清楚的夢特質，這些夢特質正是佛洛伊德夢境分析的重要元素，因此多數人很自然地把REM睡眠和做夢經驗劃上等號，然而若REM睡眠就是做夢經驗，對於無意識和心理衝突的解釋就會產生一些問題。根據整夜的睡眠觀察，REM睡眠僅占整晚睡眠約二〇％左右的時間，換句話說，若「快速動眼期睡眠」確實是做夢經驗的發生時刻，那麼無意識就只會在這二〇％的時間裡處理心理衝突，而不是在整個睡眠過程中無時無刻地發揮作用。

若REM睡眠等於夢境，則表示夢境僅占睡眠的一小部分，所以藉由解析夢來了解無意識的內涵，僅分析了少部分的無意識，如此便和意識結構的假說相矛盾（無意識如同冰山的底部，占了心理活動的最大部分），因此根據無意識的解夢方法受到懷疑；而做夢可以保護睡眠平穩地進行的看法也大受懷疑，因為若夢僅發生在睡眠中二〇％的時間內，那其他大部分

的睡眠時間是不受保護的狀態嗎？

　　因此當時大多數的精神分析學家對REM睡眠等於夢境的結果抱持懷疑的態度；同樣地在科學界也有不一樣的主張，就在發現REM睡眠等於做夢經驗的五年之後（即一九六二年），心理學家富克斯以迪蒙特和克雷曼的研究方法為基礎，比較REM和NREM睡眠喚醒後的夢境報告，他發現四〇％左右的被分析者，在NREM睡眠喚醒之後，也會有做夢經驗，只是NREM睡眠時所得到的夢境報告大多較短且含有較多思緒成分，而REM睡眠的夢境報告較長且做夢的特質較明顯。

　　這篇以博士論文為基礎的研究報告，提出資料支持人在「非快速動眼期睡眠」時也會做夢的主張，而這個主張為夢境研究投下了往後爭論的議題：「REM睡眠是否等於做夢？」

從肌電圖及眼電圖觀察REM睡眠

肌電圖可記錄肌肉在放鬆和收縮時的變化；眼電圖可測量眼球位置及運動的生理變化。從波形的變化可觀察到REM睡眠跟一般睡眠的狀態有所差異，當人處於REM睡眠時，雖然眼睛會轉動、手或腳會偶爾有動作，但全身肌肉會放鬆，使身體是無法跟著夢境動作。

REM睡眠vs.夢假說

REM睡眠的觀察 眼皮下的眼球快速的內外移動，且會有較明顯的做夢感覺。

肌電圖

眼電圖

眼皮下的眼球內外移動

波形由高驟然變低，表示肌肉從沒完全放鬆的狀態變為完全放鬆，此時正好進入REM睡眠。

出現倒三角形的圖形，表示眼球正在活動，三角形頂端（交叉處）表示兩個眼球同時向內移，三角形的底部表示是兩個眼球同時向外移。

REM睡眠的夢境特色

● 無現實感
● 類似幻覺的想像
● 情節性的描述
● 不合理的情節跳躍
● 英文長度大多超過200字以上

範例
我和我一名好友在談話，但是他卻有著獅子的頭，忽然間我們飛到了動物園中的猛獸區。

NREM睡眠的觀察 眼皮下的眼球大多時候靜止不動，且沒有明顯的做夢感覺。

肌電圖

眼電圖

眼皮下的眼球靜止不動

呈現一致的強度，表示肌肉張力一直維持在略為緊張的狀態。

多呈穩定的線狀，表示眼球活動呈現靜止狀態。

NREM睡眠的夢境特色

● 具現實感
● 較實際的感覺經驗
● 片段的字串
● 不具有情節
● 英文長度很少超過50字

範例
我正和我一名好友討論下週末要去哪兒度假的事情。

夢的量化分析方法

夢境分析法可分為依據某一性格理論的分析法和依據實徵資料的分析法，佛洛伊德和榮格的夢境分析法屬於前者，而霍爾和凡戴卡索的方法則屬於後者。霍爾與凡戴卡索根據他們所收集到的大量實徵性的夢境報告，於一九六○年代發展了一套夢境內容的分析方法，這套方法成為後世夢境研究科學家必讀的經典。

量化的實徵性分析法

異於傳統的夢境分析法，霍爾和凡戴卡索的分析法不預先假設一個夢境理論的存在，而完全著重於做夢者的夢境報告所呈現的內容，分析的類別即根據實際所得到的夢境報告來分類；霍爾和凡戴卡索將夢境的內容分為：夢中角色、社會互動的類型、活動、過往經驗、運勢的好或壞、情緒反應、成功或失敗……等十個主類別，每個主類別各自有其次類別，在分析夢境時，主要依據這些類別再加上常模分析，也就是跟所建立的平均值相比，以此方法有系統地分析夢境，而非由分析師賦與意義。換句話說，運用此種方法去測量一份夢境報告中某些元素出現的頻率，可以觀察個人對於某些特定角色、互動關係、情境或活動的關聯程度，而不必訴諸於象徵符號或者夢境內容以外的資訊，也能反映出做夢者在現實生活中所關心的人際關係或事物。

使用霍爾和凡戴卡索的方法分析夢境雖然維持了客觀性，但實際運作卻有其困難，因為常模的建立耗時費工，已建立好的常模不見得可以一體適用於所有的情況，例如以美國人為母群體所建立的夢境常模，可能不適用於分析臺灣人的夢境報告。

傳統的理論型分析法

除了「快速動眼期睡眠」的發現，使得夢境與無意識的假說有了新變化，對於如何精確描述人們實際所做的夢境內容，以了解夢的目的或意涵，也成為夢境研究者熱衷的議題。傳統的佛洛伊德或是榮格的夢境分析法是根據他們各自的性格理論所發展出來的；因為理論發展背景的不同，不論是佛洛伊德以閹割焦慮為觀點（參見54頁）、或是榮格以原型為觀點的性格理論，皆建立於他們的臨床

榮格的「原型」是什麼？

榮格認為原型如同本能一樣，是人生來就具有的精神結構，也就是人的集體無意識，它可以決定人們感受事物的方式，並且影響意識的運作，例如：母親、英雄、智慧老人等原型，即使是不同種族、不同文化的人也會有的共通印象。

觀察與自我推論。所以佛洛伊德的理論從病態心理的觀點來詮釋夢境，而榮格則偏好從西方文化脈絡的角度詮釋夢境，這類方法雖有理論基礎支持的優點，但依附於單一理論的夢境意涵解讀，使得每次的詮釋流於主觀，而難以驗證，如此使得夢境研究絕緣於實徵性科學的檢驗。

什麼是常模分析？

常模分析是一種將調查中的樣本和已建立、足以代表母群體的資料庫相互比較的方法，這種可代表母群體的資料庫就稱為「常模」；心理學家利用常模中已建立的類似資料，來推測樣本可能會有的表現或是特性。

霍爾—凡戴卡索夢境分析法

收集夢境報告

夢境範例
我看到了數以百計的貓咪從天上跳了下來，我覺得牠們好像是要自殺的樣子，當牠們掉到地上時，我發現一隻貓咪就死在我面前，當時我覺得非常恐怖。

將夢境內容做分類

將夢境內容區分成如下類別，以量化方式描述人們夢到什麼內容，還有哪些情緒最常出現在夢中。

主類別	次類別	符合詞語	主類別	次類別	符合詞語
夢中角色	一般人物	我	食物和吃	吃	
	神祕人物			喝	
	動物	貓咪		吃的原因	
社交互動	攻擊行為	自殺		喝的原因	
	友誼行為			吃的場景	
	性行為			喝的場景	
一般活動	物理性	掉落	過往經驗	年少經驗	
	非物理性			等等	
物理環境	場景	從天而降	感情	生氣	
	物件			擔心憂慮	擔憂
描述元素	一般修飾	恐怖的		傷心	
	時間修飾			困惑	
	否定修飾			快樂	
運勢	好運		努力	成功	
	厄運			失敗	

進行常模分析

將所得結果與常模（母群體資料庫）做比較，以看出統計上有無顯著性差異。

解讀夢境內容

透過常模分析，可歸納出做夢者所關心的事物和人際關係。例如：霍爾的研究發現患有精神分裂症的男性所做的夢裡，其夢中人物會出現較多的攻擊行為，而友善互動的夢境比例，遠低於心理健康男性的平均值。

神經生理學的夢生成假說

以佛洛伊德為首的精神分析學說假設了夢來自於無意識，直接探討如何解夢及夢的功能，二十世紀的科學家則認為必須先解答「夢從哪裡來？」這個問題的夢生成假說，解釋夢才有其意義及穩固的科學基礎。迪蒙特及克雷曼在神經生理學的實驗即屬於此類研究的先驅。

貓的睡眠生理研究發現

一九六二年，法國著名的動物生理學家朱費以法文發表了一篇影響夢境研究極為深遠的文章，在研究中他記錄了貓咪睡眠時的腦波變化，發現貓咪的睡眠週期中也有一段和人類的「快速動眼期睡眠」類似的階段，稱為「異型睡眠」或「弔詭睡眠」。在這篇文章中他進一步指出，貓咪的腦幹在異型睡眠時會產生一陣陣強烈地間歇性神經訊號，這一連串的神經訊號被稱為「PGO神經脈衝」。

朱費在貓咪身上發現的PGO神經脈衝，P即英文的橋腦（Pontine），G是視丘膝狀核（Geniculate nucleus），是負責視覺訊號傳遞的一群特殊神經元，O則代表枕葉（Occipital lobe），是靠近後腦杓的大腦皮質。PGO神經脈衝之所以重要，是因為在外界刺激被阻隔的「快速動眼期睡眠」，人體的感覺受器幾乎不可能接受外在訊號，然而科學家卻觀察到這些強烈的神經反應，因而推測PGO神經脈衝有可能是大腦自我產生的刺激訊號，換句話說，它很可能和做夢經驗有關係。

夢的活化─合成假說

一九七七年霍布森和他的同事麥卡利歸納貓的睡眠研究而推導出夢境研究領域中極為著名的夢生成假說：「活化─合成假說」。他們認為在感覺受器對外界刺激的反應降低，肌肉張力被抑制的「快速動眼期睡眠」，所產生PGO神經脈衝代表著夢境產生的訊號，藉著PGO神經脈衝的刺激，大部分的大腦皮質區域呈現了和清醒時類似的高度活化狀態。而在這個睡眠時期的快速動眼模式影響著PGO神經脈衝的活動方式，同時大腦內部的正腎上腺素及乙醯膽鹼兩個主要神經傳導物質的調節系統，決定著哪一些大腦區域會處於高度活化狀態；霍布森和麥卡利認為，夢境就是這一連串

什麼是大腦皮質？

大腦皮質是位於大腦表層的神經細胞，負責處理視覺、聽覺、觸覺、運動等感官資訊、及語言與推理能力，它被分類為額葉、頂葉、枕葉、顳葉四大區域。

複雜的神經活動和大腦內部調節系統的相互影響下，所「合成」的產物。然而此假說並非主張夢僅是毫無意義的神經活動過程，霍布森認為做夢是意識的另外一種形式，而人的情緒與活動可能是影響夢境中怪異特徵的因素。

夢的活化─合成假說

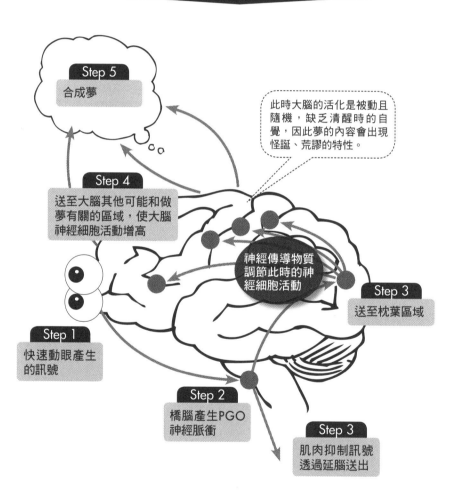

Step 5
合成夢

此時大腦的活化是被動且隨機，缺乏清醒時的自覺，因此夢的內容會出現怪誕、荒謬的特性。

Step 4
送至大腦其他可能和做夢有關的區域，使大腦神經細胞活動增高

神經傳導物質調節此時的神經細胞活動

Step 3
送至枕葉區域

Step 1
快速動眼產生的訊號

Step 2
橋腦產生PGO神經脈衝

Step 3
肌肉抑制訊號透過延腦送出

夢的認知神經科學觀點

夢境拼圖新發現

科學實驗通常是收集一定數量的資料，利用統計方法將之整理、分析，然後檢驗實驗的假說是否被所得資料支持；後設研究法所收集的資料就是為數可觀的研究報告，使用統計方法分析這些研究的異同，然後驗證研究者所感興趣的假說。義大利神經科學家多利奇和維歐拉尼使用後設分析研究法回顧一九九二年之前，以英文、法文、義大利文及德文發表的腦傷患者的個案研究報告，他們發現在大腦後側（大約是在枕葉、顳葉和頂葉的交會區域）受損傷的腦傷患者，比前側（大約是額葉的區域）損傷的患者較可能失去做夢的能力。這項研究的最大貢獻在於，根據歸納大量的此類病例報告，發現有一部分腦損傷患者，雖然仍保有做夢的能力，但卻失去了夢中視覺的部分；換句話說，他們的夢可能僅是聽到、想到、或碰到了某些事物，但總是「看不到」。

一九九七年南非的神經科學家兼精神分析學家索姆斯整理了他累積十年來的近百名腦傷個案的夢境報告，印證了多利奇和維歐拉尼關於「失去夢中視覺能力」的發現，他進一步指出，大腦皮質的枕葉、顳葉和頂葉交會的區域可能和此能力有相當的關聯。

大腦皮質活化假說

美國紐約市立大學臨床暨認知心理學家安卓布斯在一九九一年，整理過去研究皮質活化程度和夢境產生相關的實驗，提出了一個他的夢生成假說——大腦皮質活化假說。透過分析大量的「非快速動眼期睡眠」的夢境報告及神經生理學的研究，他認為夢的產生並非如霍布森和麥卡利所說的決定於腦幹的PGO神經脈衝，相反地，大腦皮質活化的程度及位置才是決定人們是否會做夢、以及是否能記起夢內容的關鍵因素。

根據這個假設，大腦皮質活化時便可以合成一個夢，並不需要依賴腦幹的輸入訊息，但在在「快速動眼期睡眠」被喚醒的人之所以能回憶起較長的夢境內容，是因為在「快速動眼期睡眠」出現的PGO神經脈衝訊號的影響範圍包含了部分的記憶神經迴路（像是海馬迴和杏仁核等和記憶提取相關的神經細胞核），以至於記憶較清晰；而在「非快速動眼期睡眠」時，雖然某些時候的大腦皮質活化程度並不低於「快速動眼期睡眠」，但因為和回憶能力有關的神經迴路未被活化或是處於低活化狀態，所以在這個時候所得到的夢境報告就沒有那麼長了。

大腦後側受傷影響做夢能力

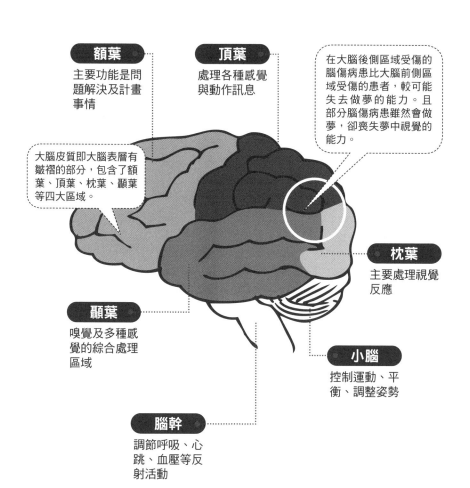

額葉
主要功能是問題解決及計畫事情

頂葉
處理各種感覺與動作訊息

在大腦後側區域受傷的腦傷病患比大腦前側區域受傷的患者,較可能失去做夢的能力。且部分腦傷病患雖然會做夢,卻喪失夢中視覺的能力。

大腦皮質即大腦表層有皺褶的部分,包含了額葉、頂葉、枕葉、顳葉等四大區域。

枕葉
主要處理視覺反應

顳葉
嗅覺及多種感覺的綜合處理區域

小腦
控制運動、平衡、調整姿勢

腦幹
調節呼吸、心跳、血壓等反射活動

大腦皮質活化假說

看法一 大腦皮質活化的程度決定了人會不會做夢。

大腦在低活化狀態 → 沒有做夢

大腦在高活化狀態 → 正在做夢

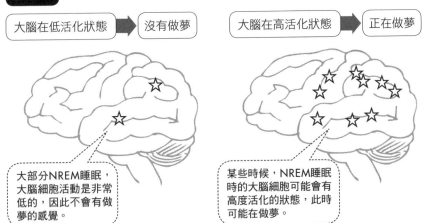

大部分NREM睡眠，大腦細胞活動是非常低的，因此不會有做夢的感覺。

某些時候，NREM睡眠時的大腦細胞可能會有高度活化的狀態，此時可能在做夢。

看法二 大腦皮質在高活化的REM睡眠，記憶神經迴路也被活化，因此記得夢境內容。

大腦在高活化狀態的NREM睡眠，但記憶神經迴路未被活化或處於低活化 → 做夢但醒來時不記得有做夢

大腦在高活化狀態的REM睡眠，記憶神經迴路亦呈現高活化 → 做夢且醒來時記得夢境內容

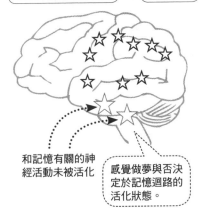

和記憶有關的神經活動未被活化

感覺做夢與否決定於記憶迴路的活化狀態。

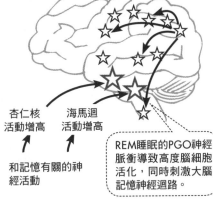

杏仁核活動增高

海馬迴活動增高

↑

和記憶有關的神經活動

REM睡眠的PGO神經脈衝導致高度腦細胞活化，同時刺激大腦記憶神經迴路。

※杏仁核是情緒處理與儲存中心，海馬迴則負責學習與記憶，兩者位於顳葉內側。

Chapter 7

精神分析的
研究方法與內容

精神分析是一門與時俱進的學問,它以質性研究方法為主
軸,融合了量化研究的觀點及結果,發展出獨特的研究方
向,本章介紹了語詞分析方法與個案研究方法這兩種精神
分析常用的質性研究方法,以及讓精神分析語言及其概念
能因應新進展而不斷擴充與修正的概念研究、著重壓力下
深層心理變化的發展研究,和心理治療有密切相關的療效
研究及歷程研究等精神分析關注的研究主題。

學 習 重 點

❖ 精神分析的研究有什麼特色
❖ 分析字裡行間意義的語詞分析方法
❖ 細微觀察的個案研究方法
❖ 探討精神分析語言及其概念變化的概念研究
❖ 重視壓力下心理運作的研究
❖ 評估治療效果對精神分析的重要性
❖ 關注治療過程和治療方法的研究

精神分析的研究方法

精神分析是研究人類心靈的學問，因為人類的心理多變且豐富，講求計量、客觀的自然科學研究方法似乎很難一體適用，於是佛洛伊德以科學精神及質性研究的方法建立了嚴謹的精神分析研究基礎。

以質性研究為基礎

近代科學理論奠基於客觀的觀察及邏輯的推論，精神分析亦受此影響，冀望成為一門有別於之前哲學心靈理論的科學心理學，但受限於當時知識及科技的限制，缺乏如統計學知識及電腦科技等強大工具的協助，精神分析研究者無法採集檢視群體的資料，在此種時空背景之下，佛洛伊德等分析師，重視單一個案的觀察與報告，投注於質性研究方法的精進，造就了精神分析成為一門著重於微觀檢視的理論。

質性研究是一種相較於量化研究的泛稱，泛指了許多非以計量方法為主軸的研究，像是以觀察記錄人的心理及行為為主的個案研究，集結並歸納眾多同類的個案研究，整合出一套理論系統，做為分析其他個案的依據。此類研究方法被廣泛應用在社會科學領域中，例如：女性主義、現象學及民俗學等，其中還包括了精神分析學。

在精神分析領域所使用的質性研究方法包括：訪談研究、個案研究、觀察研究及敘事分析。例如：夢境解析即屬於敘事分析的一種，分析師針對做夢者所陳述的夢內容，根據一套

理論，可能是佛洛伊德的夢假說、榮格的夢假說、或是奠基於實徵研究的夢假說，來分析及解釋夢境內容所代表的意涵。

融合客觀的量化研究

由於精神分析的理論是奠基於一份份詳盡分析的個案報告，但以實證主義的觀點來檢視，根據這些精挑細選的少數個案來推論大部分的人類，似乎失之偏頗，流於精神分析師的主觀判斷；於是今日的精神分析研究保留了詳盡、仔細的個案觀察及研究者詮釋的質性研究傳統，並加入了客觀記錄的量化研究精神，例如以錄影及錄音的方式記錄會談過程，取代過去僅以分析師的個人筆記記錄，並加入統計分析的方法，藉此使得精神分析學不斷精進，成為更符合人類心理實際現象的一門學問。

精神分析的研究方法

精神分析研究方法

質性研究法	透過近身且長期的訪談、觀察、記錄，以完整呈現被研究者的心理與行動的研究法，著重細部描述、文本詮釋及個案特色，再從中推論出理論或假說。
觀察研究	對研究對象進行深入的觀察記錄，針對研究主題尋找相關的線索。例如：以單親家庭兒童的人際互動為主題，近身觀察此環境下的兒童。
個案研究	以單一研究主題進行觀察探討。例如：觀察自閉兒在各種情境下的反應，以了解自閉症對於個體的心理發展的影響。
敘事分析	針對研究標的收集文本資料，分析文本資料的內容。例如：收集所有重鬱症患者的會談記錄，分析重鬱症者和健康者會談的異同。
訪談研究	與研究對象，例如如心病患者進行會談，收集會談內容，再據此分析。

量化研究法	將研究對象的行為與態度化約為數字測量的研究方法，抽取樣本後利用問卷、統計方法，去找出變項間的關係，再推算母群體的結果。
統計分析	以敘述統計方法檢視群體資料，並以推論統計方法根據小樣本的群體資料推測大樣本可能出現的現象。例如：收集10名經常做惡夢的人，記錄他們每週做惡夢的次數，再與正常人的做夢情形比較。
實驗設計	以嚴謹設計的實驗，排除影響的因子，使研究標的可以被清楚地檢視。例如：以做惡夢的頻率將受試者分為低、中、高三組，比較這三組人的日常生活品質。
電腦科技	電腦具有高速運算特點，協助研究者一次處理大量群體資料，搭配統計方法，進而更快速、精準地分析資料。例如：使用統計軟體計算全臺灣所有曾使用安眠藥的人的睡眠品質狀況，並和所有未曾使用過安眠藥的人比較。

常用質性研究法①：語詞分析方法

文字是精神分析中重要的研究資料，分析字裡行間所表示的意義不僅可以表達被分析者有意識的訊息，還能傳達口誤、筆誤等所顯露出的無意識的意涵；語詞分析方法透過標準化的步驟可被重覆驗證，屬於量化研究方法。

什麼是語詞分析方法

語詞分析方法是一種將質性資料做量化分析的研究方法，被分析的資料可能是書本、文章段落、交談內容、或是自我陳述報告等，研究者依據事前訂立的研究假設來進行分析，並在文本的字裡行間找尋相關的線索。計算文本的總字數和總訊息量即是語詞分析中最簡單的量化方式。

語詞分析方法依循一套標準化的程序進行資料分析，以精神分析中的會談資料為例，研究者首先會徵得所有參與會談者的同意，將會談內容以錄影或錄音的方式詳實記錄，完成資料收集後，再將會談內容逐字謄寫成為文本資料以便進行分析。研究者可能參考過去的研究結果撰寫成分析規則及研究假設。研究者再依據分析規則對文本資料分類及編碼，輸入電腦後進行比對、統計，以檢視結果是否支持研究假設，若是支持，表示研究假設可能是正確的；若為否定的結果，表示研究假設可能是錯誤的，或者研究過程有干擾因子介入，則需回到前面的步驟去檢視不支持假設的原因，再做修正。倘若證實資料結果不支持假設的原因是因為干擾因子的存在，則需修正研究設計及資料收集方法，設法移除干擾因子，並重新收集資料。

概念式的語詞分析

精神分析的研究者除了使用語詞分析方法來計算文本總字數及總訊息量，據以推測文本中所傳達的顯義及隱義，例如從訪談紀錄中分析患者的意識狀態（顯義）與無意識的意涵（隱義），特定概念或主題的分析也常被用來推測文本的意涵或驗證研究假設。

實行概念式語詞分析首先會依據研究假設訂立概念條目，然後根據相關理論以及過去的研究制定編碼及分類規則，接下來從統計理論中決定適合的樣本數量，著手收集文本資料，最後根據事前訂立的編碼及分類規則計算這些概念條目在文本中出現的總次數，再加以分析。假設我們想要驗證佛洛伊德的「陽具欽羨」假說是否如他所認為僅發生在女性身上，可以先收集一定數量女性受試者的夢境報告，事前先訂立和象徵「陽具欽羨」相關概念的詞條，並訂立計次規則，例如當女性受試者的夢境中出現：①明顯和男性或男性性器官相關的詞語；②暗示和男

性性器官相關的詞語，如蛇、木棍或繩子，如果夢境報告中出現和以上兩點有關的詞語，就計次一次並給予編碼的標記，根據此規則，就可以將這些夢境報告中的「陽具欽羨」概念量化，然後驗證是否真的在女性的夢境中，相較於男性的夢境報告會出現較多和陽具欽羨相關的訊息。

霍爾和凡戴卡索對陽具欽羨假說的實徵研究

霍爾和凡戴卡索嘗試以概念式的語詞分析方法，來發展他們的夢境分析系統。依據佛洛伊德的假說，夢境中的「陽具欽羨」可被定義為：

1.做夢者夢到某件東西有著陽具的特徵。

2.做夢者夢見讚許某個男性的身體或是所有物。

3.女性的做夢者夢見自己變成男性或是獲得男性的第二性徵。

他們在實驗的初期發現，的確如同佛洛伊德的理論所預測，相較於男性的夢境報告，女性的夢境報告呈現較多的陽具欽羨內容，然而當樣本數目增多，霍爾和凡戴卡索發現報告陽具欽羨內容的男性反而多於女性（男女每五百人之中，男生有二十五人提出陽具欽羨的報告，女生則只有十三人）。

語詞分析法如何進行?

語詞分析法

將質性資料做量化分析的研究方法,藉此觀察被分析者從字裡行間傳達出的意識(顯義)與無意識訊息(隱義),成為精神分析的重要資料。以夢境分析為例,將與患者的訪談內容謄寫為文字,從這份文本資料去分析患者的夢境所透露的心理意涵。

收集研究標的的資料

被分析的資料包括書本、文章段落、交談內容、或是自我陳述報告等。

例如 研究「陽具欽羨」是否只出現在女性夢中,而與女性受試者進行訪談,或收集自述的夢境報告。

重新收集資料或收集更多資料

精神分析中的會談內容、夢境報告 轉換 文本資料

訂立分析規則與假設

參考過去的研究結果或假設,擬定本次分析的規則,像是文本中出現哪些條目要被計次、計次的方式,以及所要驗證的假設為何。

例如 依據佛洛伊德的「陽具欽羨」假說,文本出現暗示和男性性器官相關的詞語就要被計次。

修改規則與假設

文本資料的分類與編碼

計算文本的總字數和總訊息量,並依據分析規則對資料分類與編碼,輸入電腦後進行比對、統計。

重新分類與編碼

檢視或修正前面步驟

 出現否定結果,不支持假設
表示假設有錯誤,或研究過程、研究設計中存有干擾因子。

 出現肯定結果,支持假設
表示假設可能正確,可進行下一步的研究。

在最初精神分析理論發展的年代，當時的知識和科技不能與現代比擬，因為處理大量資料的不易，促使精神分析研究者鑽研於個案研究，著重於少數案例的細膩觀察，對於建構精神分析理論發揮了重要的作用；時至今日個案研究法仍然在質性研究中占有舉足輕重的地位。

什麼是個案研究方法

個案研究法是以一個研究單位為對象，此研究單位可能是個人或某個具體的團體，像是：一個家庭、一家公司或某一項專案計畫，以觀察的方式進行有系統地資料蒐集，包括事前擬定研究主題或想要驗證的假說，再據此訂立觀察的重要項目，針對個案做描述，且進行縝密而深入的事後分析。

個案資料的收集有三種方式：①自然觀察法，也就是在自然的情境下對個案的言行舉止做客觀的記錄；②誘導式技巧，像是分析師對被分析者（個案）進行訪談，或是分析師以介入的方式了解個案和研究主題相關的特徵，例如研究夢和無意識的關係時，分析師會主動詢問個案的最近做夢經驗；③收集個案的歷史性資料進行分析，例如整理及分析病患過去的會談記錄、檢視被分析者的家庭或生活社群的資料等。

個案研究法可能是一種未制定事前研究假設的探索性研究，而在研究過程中逐漸形成新的研究假設，也可能是事前訂立假說的驗證性研究。有些情況，研究者會將數個在研究主題上有類似特徵的個案，逐一進行研究並分別寫成報告，最後將這些個案報告做綜合分析。例如第六章提到的南非精神分析學家索姆斯所收集的腦傷患者的夢假說，即是收集眾多的腦傷病患的個案報告，最後綜合分析這些同樣病症的個案，使之成為團體資料。

佛洛伊德首先運用在精神病學

個案研究法在各學科的研究發展上占有重要的地位，諸如法律案件的判例、醫學上的病例、管理學的商業案例等等，都屬於個案研究法的應用；因為心理問題需要深入檢視的特性，精神分析學者大量地採用個案研究法來描述精神分析的案例，佛洛伊德就是將個案研究法運用於精神病學的先驅。當他面對精神疾病患者時，致力探求病人的生活史，特別是在童年階段所發生、但可能已經遺忘的創傷性或與性有關的意外事件，佛洛伊德假設這些意外事件可能是導致病人出現精神症狀的原因，透過個案研究的長期細微觀察與深入追蹤，佛洛伊德得以驗證其假設，並使得心理的個案分析蔚為風潮，促成精神分析理論的蓬勃發展。

因為學科的發展歷程是一連串的理論建立、修正；新理論建立、再修正的循環過程，而理論修正的原因大多來自於發現推翻前項理論的證據（否證），進而修改錯誤理論，使該門學科更為精進。個案研究法因具有長期、深入且全面觀察的特性，提供研究者檢視任何和研究議題相關蛛絲馬跡的機會，因此容易發掘特殊的個案提出否證證據。

個案研究法的優點

除了促進否證證據的發現，個案研究法也因所觀察的個案各有不同，而不先預設立場，具有探索性研究導向的特質，可以提供研究者發展及探索新問題的機會，像是某些罕見個案的深入研究可能促使研究者發現新的研究領域，例如：佛洛伊德將個案研究法運用在一個被稱為「狼人」的病患，此名患者同時具有對動物恐懼、強迫症狀、憂鬱症狀、焦慮症狀及妄想症狀等問題，佛洛伊德透過個案研究法，在歷經四年半的近身觀察追蹤、抽絲剝繭之下，而能深入分析患者的人格特質與成長過程，並透過患者的回憶，重建其童年時期因目睹父母做愛的場景與被迫與親人疏離所遭遇的心理創傷與衝擊，而找出童年引發精神官能症的狼群之夢所代表的心理意涵；此外，更進一步探討孩童期精神官能症的根源及性心理發展過程的影響，此案例也成為佛洛伊德最經典的個案研究之一。

個案研究法的特性

特性① 少數或單一的研究對象

以少數單位甚至只有一個單位為研究對象，例如：一個個體、一個家庭、一家公司、某一專案計畫。

個體

家庭

公司

專案

個案研究法

以細膩、費時且全面的觀察，針對研究個案進行分析，佛洛伊德首開利用個案研究法，深入檢視病患的心理問題，而蔚為風潮。

特性② 有系統地收集資料

仔細蒐羅個案資料，方法有三：自然式觀察、誘導式技巧、收集個案的歷史資料。

1. 自然式觀察
例如 在非隔離的情境下，對心理病患的目前狀況做觀察。

2. 誘導式技巧
例如 分析師透過會談，引導個案自行表達和研究主題相關的問題。

3. 收集個案的歷史資料
例如 與個案所求助問題有關的記錄、過往病史。

特性③ 分析深入且手法靈活

針對個案做描述，進行縝密而深入的分析，包括其生活環境及文化背景的詮釋，使得個案報告猶如故事。此外，在分析方法上亦具有以下兩種特徵：

1. 可隨時檢視任何與研究相關的議題
沒有預設立場，在研究中可以不斷修改所提的問題或假設。

2. 增加開發及探索新問題的機會
因具有探索性研究導向，促使研究者發現新的研究領域或問題。

重要研究議題①：
精神分析用語與概念的研究

語言如同流動的河川，會隨著時間及環境的改變，新支流會出現、而舊支流會消退，河道也有可能會轉向；精神分析的用語也不例外，新的研究或臨床發現牽動著精神分析的用語方式和意涵的變化，因此探討精神分析用語和其所指稱的概念亦是精神分析研究的主題。

為何要做概念研究

精神分析如同任何一門學問，一旦有新的研究或發現，都需要回頭修改或更新原有的理論內容，才得以不斷地演進。新的發現及臨床資料會修改過去精神分析的假說，同時也改變了描述假說的語言及該語言所指涉的概念，諸如「無意識」、「移情」或是「防衛機制」等用來闡述精神分析理論及概念的用語，隨著時間及研究進展，已不同於它們首次由佛洛伊德提出時的意義。例如：佛洛伊德最初將口誤、筆誤視為「無意識」的表現之一，但後來精神分析學家的研究及臨床發現，認為口誤和筆誤可能只是分心的過程，不代表是「無意識」在運作，因此對於「無意識」所指稱的概念可能需要修改或是擴展，概念研究便是討論精神分析的概念及用語的研究。

概念研究不只討論臨床上的表達方式，也分析研究報告中所用的語言，其目的不僅僅是澄清概念的表達，並且希望藉由精確且清楚的概念定義及使用，以促進溝通及研究的進展。

意義空間的分析

在概念研究中，研究者會系統性地分析並規範某一用語所包含的意義的不同面向，然後依據這些面向分析某一用語在臨床場合或是研究報告中使用上的變化，我們稱為「意義空間」的分析。

以「移情」此詞語為例，依據臨床個案報告，概念研究者可對「移情」做意義空間分析，將「移情」此一用語的概念分類為六個面向：①重覆性行為或心理活動；②心理活動在時間上的變化；③表現的形式；④在無意識上的意涵；⑤和分析師的互動；⑥心理功能上的意義。藉此，概念分析的研究者在分析不同的精神分析個案報告時，可以比較不同分析師在使用「移情」此用語時在以上六個概念面向上的指涉程度，例如有的早期報告中提到「移情」兩字時僅代表了①與②兩種概念，就認為此移情的概念已經完備；但後期個案報告中若使用「移情」兩字時，可能必須涵蓋了①至⑥的概念，才會認為具有「移情」的意義或才承認移情的發生。

精神分析的概念研究

科學進步　新研究或臨床新發現　**影響** ➡ 精神分析所使用的語言及語言所指稱的概念需隨之擴充或修正。

例如

19世紀末至20世紀初

佛洛伊德從精神分析的治療中發現「移情」的存在，並賦予定義：

1.重覆性行為或心理活動

例如 患者多次在會談約定的時間遲到，表達對權威者（分析師）的反抗。

2.心理活動在時間上的變化

例如 治療初期以不斷遲到反抗，後期卻對分析師產生情感上的依附。

當使用「移情」兩字時，只要符合1、2項條件即可被認定。

帶來科學進步新發現

20世紀中之後

從新的臨床報告與治療經驗中，再歸納「移情」的意義，除需包含前兩項定義外還包括：

3.表現的方式

例如 探討患者的遲到行為及反抗的言語。

4.無意識意涵

例如 移情隱含在談話中及行為表現的無意識意義。

5.和分析師互動所表現的移情意義

例如 患者不斷設法延長療程，可能象徵患者不想結束療程的無意識心理歷程。

6.在心理功能上的意義

例如 患者所表現的移情元素和他過去心理發展有關，像是幼時欠缺父母的關愛。

當使用「移情」兩字時，必須同時符合1～6項條件，才被承認。

進行精神分析的概念分析

1.討論臨床上精神分析用語的表達方式。
2.分析研究報告中所用的語言。

目的

1.澄清精神分析用語的表達方式。
2.促進不同精神分析研究的溝通與進展。

重要研究議題②：無意識心理發展

心理發展議題一直是精神分析研究的重要焦點，著重於無意識心理的精神分析研究主要探討深層心理的議題，其中著名的依附理論便是深層心理研究的重要里程碑，它探討了在重大壓力下的兒童心理發展和心理疾病的關係。

什麼是深層心理學研究

自佛洛伊德以降，精神分析學者就十分重視心理發展和精神病理的關係，並長期關注心理發展的研究，像是佛洛伊德的性心理發展理論或是艾瑞克森的心理社會發展理論。精神分析理論假設無意識的存在，然而人類在穩定且安全狀態下的心理運作，大多僅反映了意識層面的運作，只有當人處於心理衝突或重大壓力之下，意識層面之外的心理運作才可能出現；因此有別於發展心理學著重於意識層面的表層研究，精神分析特別著重於深層的無意識心理研究，或可稱為深層心理學研究。

深層研究vs.表層研究

發展心理學的研究主要探討，當兒童的心理處於一個穩定且健康的狀態，並給予安全且沒有外在威脅的環境下兒童心理會如何發展（即使有些研究會以觀看恐怖電影做為刺激，但仍然是相對安全的環境），著重於觀察兒童的情緒、感覺、知覺或動作能力的發展過程及轉變。此類的觀察雖然可以得到兒童在正常狀態下的心理變化及調適反應，但僅止於意識表面的現象。

深層心理學研究則探討成長過程中兒童處於壓力狀態下的心理變化及調適反應，例如：英國心理學家約翰·鮑比針對兒童的長期分離焦慮研究，而發展出依附理論；安娜·佛洛伊德的戰時兒童心理發展觀察，研究身處資源貧乏狀態的孤兒及遭遇重大創傷和壓力的兒童心理。此類議題皆探討當兒童面對心理衝擊或是環境的嚴苛挑戰時，兒童的心理會如何反應及發展，透過研究兒童在這些情形下的心理成長，我們可以了解和精神病理有關的發展因果關係，並觀察到無意識心理的議題。

兒童的依附研究

兒童的依附研究即是深層心理研究的一種，藉由觀察一至二歲間的兒童，在與主要照顧者（通常是父母）短暫分離的情境下，會如何和陌生人互動及反應，以及當主要照顧者返回後，兒童又會如何進行互動、反應及自我調適。

因為和主要照顧者的分離會引發年幼兒童的分離焦慮，使得研究者可以觀察到兒童的深層心理運作模式，也就是兒童在心理壓力下的反應、挫折容忍度、衝動控制及自我調適能

力,再將幼兒與父母的互動歷史共同探討,可以了解親子互動和深層心理發展的因果關係,並預測兒童可能養成的性格類型及心理疾病的潛在病因。

表層研究及深層研究的差異

表層研究(發展心理學)

探討在正常且安全環境之中,外界的正常刺激(如不同教學方法等)如何影響兒童在情緒、動作及認知能力的發展,著重於意識表面的觀察。

觀察感覺、知覺、運動能力發展。

觀察注意力、記憶、推理等認知能力發展。

目的 了解兒童在正常狀態下的心理變化及調適反應。

VS.

深層研究(精神分析)

探討成長過程中兒童處於心理衝突或重大壓力狀態,如被迫與父母分離、戰爭、貧窮等環境下的心理發展,著重於深層的無意識研究。

研究兒童異常心理的問題,如:過動兒、自閉兒的發展等。

探討和精神病理有關的議題,如:衝動控制、壓力調適、人際互動

心理衝突時的反應。

目的 不良發展環境(例如戰時、貧困家庭)如何影響兒童在重大壓力下時的反應,了解心理疾病的潛在病因,並觀察無意識心理的運作。

重要研究議題③：
用什麼方法治療最有效？

探討心理治療的效果同樣是精神分析的重要研究主題，隨著精神分析理論及學派的多樣發展，對於任何一種心理疾病，精神分析心理治療都不會只有單一的治療方針，且訓練於不同學派或理論背景下的分析師、甚至分析師的個人特質，都是影響治療結果的因子，療效研究即是討論各種不同心理治療策略的效果。

什麼是療效研究

療效研究關注於精神分析治療方法和治療效果的因果關係，像是「治療方法A對某類心理疾病的治療效果如何？」；或是「某一種治療方法是如何使得心理疾病患者的病情好轉？」以精神分析學家瓊斯於一九三六年的報告為例，此報告描述了倫敦精神分析中心所收留診治的七十四名個案接受精神分析後的治療效果。其中五十九名被歸類為精神官能症的患者中，有二十八名患者在病情減輕上有顯著地進步，也就是在精神官能症的治療成效上占了四七％，而十五名被歸類為精神分裂症的患者只有一名有顯著地進步，即在精神分裂症的治療成效上占了七％；根據此結果所得的報告結論可能是，精神分析對於精神官能症患者較具療效。（註：此例子為早期研究，可能有許多研究方法上的問題，此處結論僅為說明什麼是療效研究，實際療效情況必須參考最新的研究報告。）

療效研究的貢獻和問題

療效研究的結果可以幫助研究者更清楚地了解不同精神分析治療方法對於特定精神疾病的治療效果，並且協助臨床工作者對特定的精神疾病患者採用更有效率或更適合的治療策略。

此外，因為療效研究需要評量治療效果的特性，研究者因此發展了使用問卷並輔以訪談的半結構式晤談方法及多面向的性格量尺，以測量患者的性格結構及預測患者接受精神分析治療後的人格改變（即治療效果的預測及評估），例如：卡洛琳斯基心理動力評核表（Karolinska Psychodynamic Profile, KAPP）即有十八個面向的性格量尺，例如：衝動控制量尺、挫折容忍量尺，用來測量患者的性格特徵，以及預測某一治療方法可達到的效果。

然而，精神分析心理治療的療程通常持續數個月甚至數年，因為時間太長在實行療效評估的研究上產生的變數也就增多。例如：持續接受精神分析治療，且產生正向療效的個案通常對精神分析持有正向的移情，但中斷治療或是無療效的個案則常常在研究中途便退出，因此療效研究如何克服這些問題，就變得十分地重要。

著重治療效果評估的療效研究

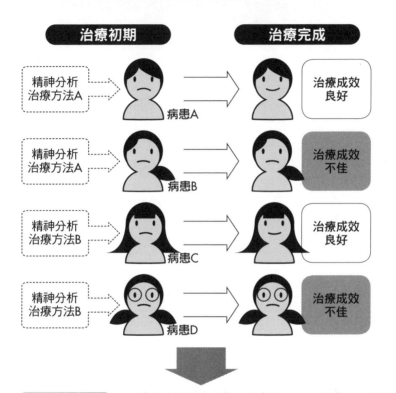

治療初期		治療完成	
精神分析治療方法A	病患A		治療成效良好
精神分析治療方法A	病患B		治療成效不佳
精神分析治療方法B	病患C		治療成效良好
精神分析治療方法B	病患D		治療成效不佳

療效研究　因精神分析理論及學派的多樣發展,接受不同訓練的分析師不會只有單一的心理治療方針,療效研究即關注於精神分析療法和療效的因果關係。

方法
1.半結構式晤談方法(問卷+訪談)
2.多面向的性格評量表

作用
1.測量被治療者的性格結構
2.預測被治療者在治療後的人格變化

目的
1.清楚了解不同精神分析治療方法的效果
2.協助臨床工作者採用更合適治療策略

重要研究議題④：
治療發生了什麼變化？

相較於關注於治療方法及治療效果間因果關係的療效研究，歷程研究探討治療過程中所發生的變化，以及這些變化對於最終治療成效的影響，此類研究說明了治療技巧，例如會談的方法，導致治療效果發生的原因以及可能的原理。

什麼是歷程研究

歷程研究就是探討心理治療策略及治療成果中間的黑盒子，即治療過程的變化，關注於治療成效如何發生，以及從病態心理恢復到健康心理的這段時間裡，患者的心理發生了何種改變。

歷程研究關注的問題像是：「患者在接受心理治療時為何會產生移情反應？」、「移情反應對於治療效果有什麼影響？」在個案研究報告中即有許多描述歷程研究的例子，像是詳細陳述個案在治療過程中所呈現的外顯反應、所說的話語以及情緒變化等元素，而這些元素就是歷程研究的重心，例如：探討接受傳統精神分析治療或客體關係導向的精神分析療法的患者，所產生外顯及情緒反應異同的研究。

了解患者自我陳述的重要性

透過歷程研究可以深入了解某項治療技術如何發揮療效，或是哪些因素使治療產生效果，例如從歷程研究的結果就支持了晤談中引導患者自我陳述心理衝突的方法，確實可讓患者真正表達並釋放內心的情緒壓力，而且患者在治療的過程中透過引導自陳的策略，心理會產生正向的變化。有別於強調改變患者思考方式的認知行為治療方法，精神分析的歷程研究協助研究者了解引導心理病患自行釋放內心衝突的重要性。

歷程研究的難題

然而歷程研究用來探討治療過程變化的個案研究報告，多半不是第一手的資料，而是經由記錄的報告者主觀過濾後的材料，因此閱讀個案報告的第三者（也就是歷程研究者）是藉由報告者的目光來了解研究成果。近來有人主張借用電子儀器將晤談過程以錄影或錄音的方式記錄，以完整呈現未經過濾的晤談資料，但反對者認為這會影響患者與分析師的互動，雙方的任一方只要對錄影或錄音存有顧忌，晤談內容可能會有所保留，因而製造了不同的心理歷程，所得到的結果也必然不同於未用電子儀器時的心理歷程。

著重治療過程變化的歷程研究

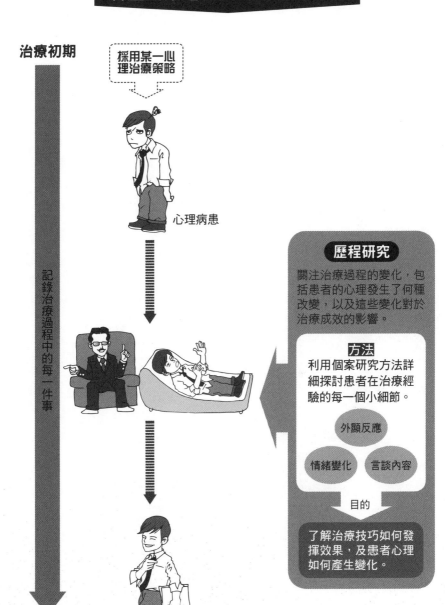

治療初期

採用某一心理治療策略

心理病患

記錄治療過程中的每一件事

治療完成

恢復心理健康的人

歷程研究

關注治療過程的變化，包括患者的心理發生了何種改變，以及這些變化對於治療成效的影響。

方法

利用個案研究方法詳細探討患者在治療經驗的每一個小細節。

外顯反應

情緒變化 言談內容

目的

了解治療技巧如何發揮效果，及患者心理如何產生變化。

Chapter 8
近現代精神分析的發展與問題

精神分析揭櫫了許多有趣的心理現象及問題，雖然有些問題無法在十八至十九世紀間以精神分析的研究討論中得到滿意的答案，但二十世紀之後的研究者藉助於不同的研究方法和工具，以不同的角度重新審視這些問題，探討過去精神分析學者所提出對於意識、我、回憶、夢、主體、客體以及思覺失調症等議題，據此提出不一樣的觀點或是有了更新的發現。

學 習 重 點

❖ 探討大腦和意識與的關係
❖ 尋找大腦中「我」的存在
❖ 回憶會受哪些因素影響而產生謬誤
❖ 近代睡眠研究對夢功能的觀點
❖ 客體的概念如何在大腦形成
❖ 精神分析帶來什麼樣的啟發

重要發現①：意識與無意識

意識的問題一直以來都是哲學家討論的主題之一，精神分析學家根據臨床觀察將人類心靈的組成分為無意識及意識，而近代的神經科學家藉由動物實驗及腦傷案例的個案研究，對大腦和意識關係有進一步的了解；認知科學家則透過特殊的實驗操作程序揭露了一些意識層面下的現象。

意識和神經細胞的關聯

昏迷是一種失去意識的外顯表徵，雖然我們可以藉由簡單的方法，了解一個人意識上的清醒程度，例如使用GCS昏迷量表，依據張眼反射、口語及動作的反應能力去評估病患的昏迷程度。然而要判斷大腦受傷的人是否清醒或昏迷可能有點困難，尤其是處於植物人狀態的病人更難判斷；因為植物人的眼睛可能是張開地看往某處，卻又似乎是不具任何目標的凝視，其意識是處於一個模糊的地帶，要決定他是否具有意識成為一項難題。

為此，神經科學家替處於植物人狀態的昏迷者做正子大腦攝影（一種測量大腦活動的方法）後發現，植物人受試者的神經細胞代謝及活動量，相較於健康且意識清楚的人約低了五〇％，換句話說，植物人約有一半的大腦細胞似乎沒有在工作；根據此結果推論，意識與無意識的界限可能和神經細胞的活動量有某些程度的關聯。

意識之外的實驗觀察

人在清醒的情況下，是否會受到意識之外的刺激而影響心理運作？對此，認知科學家以促發實驗做測試。所謂「促發」是指受試者做某件事之前，先給予額外的任務（即與將要做的事相關的前刺激材料），來影響受試者做此事的效率或方式，例如：計算數學題目前先讓受試者看一段影片；或是記憶若干個電話號碼前，先做一項數字測驗。由於促發實驗的前刺激材料所出現的時間通常相當短暫，可能只是一閃而逝的畫面或物品，在這麼短暫的時間內，若不是相當專注地去注意這個前刺激的話，一般人很難察覺到是什麼東西閃過了眼前；在此種情況下，前刺激的內容確實沒有進入意識層面裡，受試者只體認到有某項訊息閃過了眼前，卻對具體內容一無所知。

然而，在另一項從記憶若干個生活中常用詞彙的促發實驗中卻發現，若和促發刺激相同或相關的詞語出現在後來的記憶詞彙的過程中，受試者比較容易將這些類似的詞彙記下，雖然意識上他們不曉得曾經見過這些詞彙；但對於和促發刺激不相關的記憶詞彙，受試者的表現則和沒有接觸過促發刺激的人相似，從實驗結果來看，意識之外的促發刺激確實在某些情況下造成了受試者不同的表現。

不同研究對意識與無意識的發現

傳統精神分析的看法

根據個案研究與臨床觀察,將人的心理分為意識與無意識兩大部分,其中意識是可直接察覺感知的部分,無意識則包含了人的各種原始衝動、慾望、本能,是不被意識所察覺的部分。

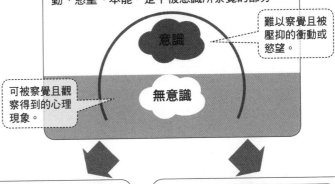

難以察覺且被壓抑的衝動或慾望。

可被察覺且觀察得到的心理現象。

意識

無意識

近代神經科學的發現

藉由動物實驗及腦傷病患的個案研究,相較於腦傷昏迷者,發現人的意識處於清楚狀態時,大腦的神經細胞活動量會有明顯變化,意識與無意識的界限取決於神經細胞的活動量。

當意識清楚時,神經細胞的活動量大。

當意識昏迷時,神經細胞的活動量小。

意識

無意識

近代認知科學的實驗

透過認知過程的促發實驗,發現一般人很難察覺到一閃而過的訊息內容,但這類意識之外的刺激卻可能進入意識之中,影響到心理運作。

那是什麼

飛翔　天空　書本

在受試者的眼前快速閃過詞彙卡片(促發刺激),但受試者無法意識內容為何。

前面促發刺激出現過的詞彙,較容易被記得。

正式讓受試者記憶一些詞彙卡片。

重要發現②：尋找「我」

精神分析理論認為由本我、自我及超我所組成的「我」決定著個體的性格，但精神分析理論預設了一個未被解釋的假說：「我」必然存在於每個心靈個體；當代的神經科學嘗試探討「我是否真的存在？」這個問題，並且對於「我」的組成提出了新的解釋。

「我」和「非我」的分際

人並非一出生就能清楚地意識到自己和其他人是不同的，假如你將一面鏡子放置在未滿一歲的嬰兒之前，他可能並不知道鏡中的影像就是自己，而以為這是其他的外在物體；這種清楚地了解到自我的存在以及自我和非我分屬於不同個體的能力，必須到了某個年齡的發展階段才會形成。

藉由動物的行為實驗也可觀察到此現象，例如在一名尚未具備辨認我和非我能力的幼猴臉上標記了一個紅點，再帶幼猴去照鏡子，牠會試圖替鏡中的那個猴子拭去紅色標記，而非鏡前的自己。透過這項實驗，科學家了解到自我的存在以及自我、非我的區隔，而這兩種關於「我」的能力很重要，自閉症及思覺失調症患者就是屬於失去「我」的能力的例子。以自閉症患者來說，由於他們無法清楚辨認自我和非我的分際，腦中就難以形成一個對他人心靈的想像，也就無法判斷不同情境下要採取什麼方式與他人互動。

和「我」相關的神經細胞

神經科學家透過大腦攝影來比較一般人和自閉症患者的腦部活動，發現在腦中一群稱為「映射」細胞的神經元表現了不同的活動狀態，自閉症患者的映射細胞似乎先天發展上就出現異常。配合行為實驗的大腦攝影也提供了相關的證據，當接受實驗的對象嘗試思考一些描述和自己有關的句子時，例如我計畫明天要完成所有的暑期作業；相較於思考和自己無關的句子時，例如同學小明計畫明天要完成所有的暑期作業，藉由大腦攝影工具，會發現在思考與自己有關的情況時，在大腦前額葉內側的神經細胞（也就是映射細胞所在位置的範圍）有著較高的代謝活動，換句話說，在思考和「我」有關的句子時，這些神經細胞需要更努力工作。以上的研究至少說明了腦中有一群特別專門的細胞，和在做「我」相關的思考時有某種程度的關聯。

精神分析的「我」及神經科學觀點的「我」

傳統精神分析理論的看法

「我」是由本我、自我、超我所組成，可以決定一個人的性格，對於「我」的假設是抽象的描述。

本我：享樂的我，即本能或慾望。

自我：協調本我及超我，即外在所表現的我。

超我：道德的我，即良心。

Q：「我」真的存在嗎？

近代神經科學的實驗研究

人剛出生時並不能清楚意識到自己和他人的不同，隨著年齡增長才逐漸發展出關於「我」的認知與「非我」的區別。

什麼是「我」？

我就是我，不是他人

隨著年齡成長，心智也逐漸發展

1. 了解自我的存在
2. 能辨別「我」和「非我」的區隔

我

非我

剛出生的嬰兒，不具備「我」的能力。

實驗證據
1. 大腦的映射細胞影響著區分「我」及「非我」的能力。
2. 前額葉神經細胞在受試者思考和「我」有關的句子時，消耗了較多的養分。

重要發現③：記憶的謬誤

精神分析理論主張，兒時的創傷經驗會導致心理疾病，因此個案的兒時記憶成了追溯心病遠因的重要依據；然而記憶的研究指出，回憶並非僅將過去記下的事件忠實地再次呈現，相反地，記憶是依據回憶者的知識背景及外界的影響因素所形塑而成，換句話說，記憶可能是創造而非重現的過程。

回憶者的知識影響記憶內容

英國心理學家巴特萊特在一九三二年的一個記憶研究說明了回憶不僅是依靠過去曾經記下的東西，回憶者的知識背景亦決定了回憶的內容。巴特萊特請了一群在英國文化背景下成長的大學生，閱讀一則名為〈鬼戰爭〉的北美印地安民間故事，因為北美印地安原住民的文化脈絡和英國文化有非常大的差異，對於這批受試者來說，這個傳說是一則怪異且難以理解的故事。

在間隔一段時間後，要求受試者憑著記憶重述這則故事，測驗顯示受試者所記下的故事內容變得相當「英國化」，例如：「獨木舟」變成「小船」，也就是他們將自己的文化脈絡加入了這則傳說之中，使得原本陌生的民間故事變得較容易理解，也更易於記憶。這樣的現象也出現在許多類似的研究裡，因此回憶不只是嘗試將過去記憶的內容再次呈現，可能還加入了回憶者的個人詮釋。

外在因素影響記憶內容

美國心理學家羅芙托斯在一九七八年進行了一項關於目擊者記憶的研究，說明了若給予不同的記憶提示，記憶的內容會產生些微但決定性的變化。她將一則車禍過程的故事做為記憶的材料，故事有一輛行駛中的紅色休旅車，當駕駛人看到了一個「停」的交通號誌，便在路口暫停一下，之後右轉，就在下一個路口時，突然這輛休旅車就撞上了一位正穿越馬路的行人。

受試者在看完故事後被問了一些和情節相關的問題，其中有半數受試者接受的問題是和場景相符，另一半則和發生場景有些出入，例如這一組題目：

問題A：當此紅色休旅車駕駛因為看到「停」的號誌而停下他的車子時，有其他的車子經過嗎？（正確問題）

問題B：當此紅色休旅車駕駛因為看到「讓」的號誌而停下他的車子時，有其他的車子經過嗎？（假問題）

之後，研究者再請受試者觀看故事中的某些片段，並問他們是否有印象，其中有些片段被改為和假問題相符的情節。研究結果發現，回答和故事情節一致問題的受試者較能正確指認某些場景是否真的發生，但回答假問題的受試者反而會認為，這些假問題所給予的內容確實發生過，換句話說，研究者透過假問題誘發了受試者產生假的記憶。

影響回憶內容的因素

因素① 回憶者的知識背景

記憶的內容會受到個人的文化環境、知識背景的影響，使得記憶是經過個人詮釋過的內容。

例如 對同一則故事出現的元素，會根據自己所處的文化去想像，使得記憶中的故事內容產生差異。

故事A出現一項關於海上交通工具的描述

小船　　　　　　　　獨木舟

英國人　　　　　　　非洲人

回憶者的知識影響記憶內容，產生不同的詮釋

因素② 外在因素的影響

記憶的內容會受到新的外在事件的影響，使得回憶並非忠實呈現過去記下的事件，而是重新建構過去事件的歷程。

例如 給予不同的記憶提示，會干擾回憶者的記憶線索，而有了新的記憶內容。

停　　　　　　　　　讓

真實場景的提示　　　假場景的提示

車子停下是真的　　　　　　車子讓路是真的

受試者A　　　　　　受試者B

新的外在事件提示會影響人的記憶內容

記憶的謬誤

從實驗觀察，心理病患的兒時創傷經驗僅靠回憶的追溯可能還不夠，因為記憶可能是創造而非重現的過程。

重要發現④：夢功能的另類看法

佛洛伊德認為做夢是一種釋放無意識心理衝突的表現，將現實生活中無法實現的慾望轉變為另一種型式出現於夢中。然而反映現實生活經驗的夢，暗示了夢境內容可能和進入記憶的生活經驗具有某種關連，探討快速動眼期睡眠及記憶的相關研究則根據做夢經驗和快速動眼期睡眠的連結，發展出另一種假說。

夢和現實經驗連結的可能

某些特殊的心理疾病患者，例如地震災難後的倖存者，因為事發當時強烈的情緒及生死飽受威脅、目擊生離死別等其他因素，使得這些災難經驗深刻地記在腦海中，而這些深刻的記憶往往會在災難倖存者的夢中一再出現，諸如此類的極端案例佐證了夢中部分的元素確實來自於現實生活中的經驗。研究者根據此類資料而推論，夢活動是人類的一種適應調節機制，在面對一些諸如地震災難經驗的外在事件所引起的強烈情緒波動，藉由每晚做夢的過程逐漸地緩和創傷事件對情緒所造成的傷害。

然而，大多數人的夢並非如同災難受害者這樣極端案例一般，可以清楚察覺到夢中內容和現實生活所發生的事件有何連結，因此，夢活動到底是否為人的記憶內容再現仍然令人存疑。

記憶鞏固假說

研究快速動眼期（REM）睡眠的研究者，假設REM睡眠時所發生的大腦活動就是做夢活動，根據此假設進行了一連串REM睡眠對記憶影響的實驗。研究者利用腦波記錄器觀察受試者的REM出現時間，並在每次REM睡眠一開始即喚醒受試者，阻止REM睡眠的發生；研究資料顯示，當人失去了REM階段的睡眠，在記憶測驗上的表現會明顯地下降。

如果夢活動確實是快速動眼期睡眠的內在心理表現，那做夢確實可能和記憶強化有某些關係，這項推論間接地支持了夢活動是記憶內容再現的想法。然而，後續的研究也顯示慢波睡眠（即一般所謂的深層睡眠期）和情境式記憶有某些關聯，從實驗結果得知，若剝奪慢波睡眠，會使得受試者在情境式記憶的測驗表現水準降低，如此一來做夢具有強化記憶功能的想法於是變得更複雜且難以解釋。

什麼是情境式記憶？

「情境式記憶」是研究者所做的記憶分類的一種，意指人所記下的內容包含了事件發生的場景及時間等，例如：你可能記得自己的上一次生日派對是在哪個地方慶祝，並且有哪些親友在場等。相對於情境式記憶，「語意式記憶」是指人所記得的事實，例如：曾經就讀的小學名稱、住家的地址等沒有和特定情境相關聯的記憶內容。

夢功能假說

①情緒調節假說

做夢協助個體調節極端的情緒，以渡過心理創傷壓力的階段。

重大災難的衝擊

生死受威脅

目擊生離死別

歷經災難的情緒波動

發現

歷經災後創傷經驗的個體所做的夢內容和發生過的事情相符。

反應現實的夢

推論

夢中部分元素與現實生活經驗有所關聯，因此夢活動可能是人類的一種適應調節機制。

質疑

遭遇災難者的夢境經驗屬於極端或少數的例子，多數人的夢境很難和現實生活的經驗相結合。

②記憶鞏固假說

做夢的過程使某些記憶更加強化鞏固。

假設REM睡眠即是做夢經驗

REM睡眠 = 做夢活動

實驗

快速動眼睡眠的記憶研究

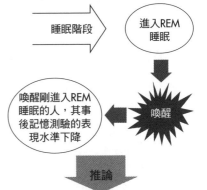

睡眠階段

進入REM睡眠

喚醒

喚醒剛進入REM睡眠的人，其事後記憶測驗的表現水準下降

推論

失去和夢境有關的睡眠會損傷記憶，間接支持了夢活動是記憶內容的再現。

質疑

其他和做夢無直接關連的睡眠階段亦和鞏固其他類別的記憶有關。

重要發現⑤：
尋找客體在主體的位置

客體關係理論強調了主體及客體的區分，假設所謂的客體包含了主體心靈之外的所有人、事、物等，雖然客體關係理論著重客體在主體心靈成長的重要性，但客體關係理論僅處理了抽象化的主體、客體及主客關係的概念，今日的研究者嘗試找尋「客體」的具體概念是如何在大腦中形成。

想像客體心智狀態的能力

要探討「客體」的概念首先必須了解「客體」的概念是如何在人的心理形成，認知科學家以「心智理論」來描述此種能力。

所謂的「心智理論」是指個體在自己的心中想像其他人的心理狀態，並據此推測他所想像的那個人下一步會做些什麼事、或是什麼動作，換句話說就是個體在自己心中形成一個關於其他人的「心智理論」。舉例來說，當你和上司在討論某一件企畫案的過程中，進行到某一個章節時，上司的語氣突然變得較慢且嚴肅，雖然對方談話的內容並沒有言明他對此部分內容的觀感，但你在心中可能已經做了許多關於上司心理狀態的假設，例如：「他是不是很不滿意？」、「他也許很重視此部分，但我做得還不夠好，而他希望企畫內容可以更好？」等等，諸如這些你對外在其他人內心狀態的假設就是你的「心智理論」，而此「心智理論」就是存在自己心中的「客體」概念。

心智理論和大腦活動的關係

基於所有的心理活動都是源於大腦活動的假設之下，研究者透過某些作業來誘發受試者形成「心智理論」，研究者在受試者做這些作業時，同時觀察受試者的大腦活動，試圖找出「心智理論」和大腦活動的相關性。在這些心智作業中，研究者請受試者觀看一些影片，要求受試者在心中推測並想像影片中人物的心理狀態，於此同時研究者使用大腦攝影工具記錄受試者的大腦活動狀態，從實驗中觀察到，位於大腦前額葉內側皮質的神經細胞似乎和「心智理論」有某些關聯性。有趣的是，另外一個實驗，使用了一些幾何圖形，例如三角形及正方形等，而非實際的生活情境，來做為「心智理論」的誘發作業，藉由這些幾何圖形的特殊移動方式，受試者大腦的前額葉內側皮質亦產生了對應的活動，這似乎暗示著受試者對於這些移動的幾何圖形做了某些想像及推測。

客體概念如何形成？

B所根據的「資料」

1. 在談話中，A的語氣驟然變得較快速，眼神變得飄忽不定。
2. A的表情沈重，心中似乎若有所思。

認知科學家的觀察

利用大腦攝影工具觀測發現，當人在心中形成心智理論時，大腦的前額葉內側皮質會產生對應的活動。

交談中的
兩個人

交談者A

交談者B

對他人內心的假設＝心智理論

人具有同理他人內心的能力，能在自己的心中想像對方的心理狀態，並推測對方的下一步反應或動作。

B從A的表情、動作等資料所做的推測

1. A是不是有什麼急事要辦？
2. A覺得和我之間的交談很無趣，想快些結束？
3. A身體不太舒服，想早些回家休息？

在心中形成客體概念

精神分析告訴我們什麼

因為神經科學及分子生物學的進步，科學家了解到大腦及神經細胞在人類的心靈現象扮演著相當重要的角色，藉由前人所累積的知識及最新的科學技術，科學家開始可以用較為具體的方式回答過去精神分析理論所探討的問題。

無意識的存在

意識問題是科學研究的一大挑戰，過去的精神分析學家根據臨床觀察及個案分析正確地推論出無意識的存在，之後的心理學家藉由行為研究方法印證意識之外的心理運作確實存在，同時腦神經學上的臨床觀察，例如觀察腦創傷病人或植物人狀態的病人，有助於了解意識與無意識的界限並非截然二分，而是十分模糊的地帶。然而意識及無意識到底是如何互動，進而影響人類的心理運作，仍然是個具爭議的問題。

近代神經科學藉助高速電腦及神經細胞的測量技術，嘗試回答人類大腦中數兆個神經細胞之間的互動及運作規則，而提出大腦運作的意識決定論假說，主張心靈活動就是大腦及神經細胞的活動。雖然目前有許多人類的意識活動已經可以用這些方法加以探討，但仍有許多關於無意識的問題，例如：設想他人（客體）的心靈狀態，還有待科學家努力地尋找可能的方法來闡明這些問題。

人並非全然理性

佛洛伊德提出了防衛機制的概念、以及臨床觀察破除了人類是全理性動物的迷思，防衛機制的存在不只佐證了無意識的存在，也支持了佛洛伊德的精神官能症的焦慮假說（參見87頁）。雖然今日我們已不再用泛性論的角度來解釋壓抑、轉移或是想像等防衛機制，但這些發生在意識及無意識界限的心理運作，確實和解決眼前的焦慮感有所關聯。

這項精神分析中不斷被闡述且歷久彌新的概念，在日常生活中即可觀察到，例如：面對長官的不理性責罵，你可能會選擇將怒氣壓抑，而不是據理力爭；而在返家後，藉著劇烈運動釋放心中的怒氣，並想像有朝一日，你當上主管後必將以其人之道還治其人之身，雖然自己明知這種情況發生的可能性不高，但這些心理運作確實可以舒緩心中的焦慮感。

精神分析的啟發

雖然佛洛伊德冀望精神分析可以成為一門科學，但因為探討人類心理本質及時空發展的因素，精神分析成為一門跨文學、藝術、哲學及科學的學問，且精神分析所探討的問題，直至今日仍然是研究人類或是生物心靈的中心問題，像是「意識」、「無意識」、「本我」、「客體」……等

概念，不斷有新的觀點及理論嘗試賦予這些難解的謎題新的解釋。當我們可以了解當時精神分析學家的時空背景，再來思考他們所提出的問題，並試著以現在的知識背景來探索這些問題，精神分析的理論及解釋會變得較容易理解，也更為合理。

精神分析的啟發

精神分析學

有系統地研究人類心靈的學問，包括：探究人的精神活動、深層心理的運作、治療心理疾病的方法，因而提出有關心靈現象的假說及理論。

例如

無意識的存在

精神分析透過臨床觀察及個案分析，推論出人的心理結構包含了無意識。

後續引發
的研究

認知心理學 藉由行為研究方法印證意識之外的心理運作確實存在。

腦神經學 觀察腦傷病患，發現意識與無意識的界限具有模糊地帶。

神經科學 藉由電腦及測量儀器輔助，推論大腦及神經細胞的運作形成了心靈活動。

防衛機制的發現

用來維持心理平衡的策略，以避開所面臨的焦慮和衝突，打破啟蒙時代以來所建立人是全理性動物的迷思。

後續引發
的研究

無意識的存在 防衛機制是發生在意識與無意識界限的心理運作。

精神官能症的出現 防衛機制過當，使人表現出失常的行為和反應，導致心理疾病的發生。

影響

精神分析提供了人類心理活動的線索，使人具備認識自己和認識世界的內在能力，並成為文學、藝術、哲學及科學探討心靈問題的資材。

影響

1. Antrobus, J. (1991). Dreaming: cognitive processes during cortical activation and high afferent thresholds. Psychological Review, 98(1), 96-121.

2. Aserinsky, E., & Kleitman, N. (1953). Regularly occurring periods of eye motility, and concomitant phenomena, during sleep. Science, 118, 273-274.

Bateman, A., & Holmes, J. (1997). 當代精神分析導論—理論與實務（林玉華 & 樊雪梅，翻譯）. 臺北市：五南

3. Dement, W. (1955). Dream recall and eye movements during sleep in schizophrenics and normals. Journal of Nervous and Mental Disease, 122, 263-269.

4. Dement, W., & Kleitman, N. (1957a). Cyclic variations in EEG during sleep and their relation to eye movements, body motility, and dreaming. Electroencephalography and Clinical Neurophysiology, 9, 673-690.

5. Dement, W., & Kleitman, N. (1957b). The relation of eye movements during sleep to dream activity: an objective method for the study of dreaming. Journal of Experimental Psychology, 53(5), 339-346.

6. Doricchi, F., & Violani, C. (1992). Dream recall in brain-damaged patients: A Contribution to the Neuropsychology of Dreaming Through a Review of the Literature. In J. S. Antrobus & M. Bertini (Eds.), The Neuropsychology of Sleep and Dreaming (pp. 99-140). Hillsdale, NJ: Lawrence Erlbaum.

7. Foulkes, D. (1962). Dream reports from different stages of sleep. Journal of Abnormal and Social Psychology, 65, 14-25.

8. Hall, C. S., & Van de Castle, R. L. (1966). The content analysis of dreams. New York, NY: Appleton-Century-Crofts.

9. Hobson, J. A., & McCarley, R. W. (1977). The brain as a dream state generator: an activation-synthesis hypothesis of the dream process. American Journal of Psychiatry, 134(12), 1335-1348.

10. Jouvet, M. (1962). Research on the neural structures and responsible mechanisms in different phases of physiological sleep. Archives Italiennes de Biologie, 100, 125-206.

11. Milton, J., Polmear, C., & Fabricius, J. (2007). 精神分析導論 (施琪嘉 & 曾奇峰, 翻譯). 臺北市：五南

12. Samberg, E., & Marcus, E. R. (2005). Process, resistance, and interpretation. In E. S. Person, A. M. Cooper & G. O. Gabbard (Eds.), The American Psychiatric Publishing Textbook of Psychoanalysis. Arlington, VA: American Psychiatric Publishing, Inc.

13. Solm, M. (1997). The Neuropsychology of Dreams: A Clinico-Anatomical Study. Hillsdale, NJ: Lawrence Erlbaum.

14. Sternberg, R. J. (2003). Cognitive psychology Belmont, CA: Thomson/Wadsworth.

15. Vaillant, G. E. (1995). Adaptation to life. Cambridge, Mass.: Harvard University Press.

16. Wallerstein, R. S. (2005). Outcome Research. In E. S. Person, A. M. Cooper & G. O. Gabbard (Eds.), The American Psychiatric Publishing Textbook of Psychoanalysis. Arlington, VA: American Psychiatric Publishing, Inc.

17. 王國芳, 郭本禹. (1997). 拉岡. 臺北市：生智

18. 王溢嘉. (1996). 精神分析與文學. 臺北縣：野鵝

19. 杜聲鋒. (1997). 拉康結構主義精神分析學. 臺北市：遠流

20. 南博. (1991). 深層心理學入門 (連淑貞, 翻譯). 台北市：暖流

21. 高宣揚. (1993). 佛洛伊德主義. 臺北市：遠流

22. 張國清. (1996). 後佛洛伊德主義. 臺北市：揚智文化

國家圖書館出版品預行編目資料

圖解佛洛伊德與精神分析 / 林逸鑫著. -- 修訂二版. -- 臺北市：易博士文化, 城邦文化出版：家庭傳媒城邦分公司發行, 2020.05
　　面；　公分. -- (Knowledge base)
ISBN 978-986-480-117-6(平裝)

1.佛洛伊德(Freud, Sigmund, 1856-1939) 2.學術思想 3.精神分析學

175.7　　　　　　　　　　　　　　　　　　　109006328

Knowledge Base 99
圖解佛洛伊德與精神分析【更新版】

作　　　　　者／林逸鑫
企　畫　提　案／蕭麗媛
企　畫　執　行／賴靜儀
企　畫　監　製／蕭麗媛

編　　　　　輯／賴靜儀、許光璇、林荃瑋
業　務　經　理／羅越華
總　　編　　輯／蕭麗媛
視　覺　總　監／陳栩椿
發　　行　　人／何飛鵬
出　　　　　版／易博士文化
　　　　　　　　城邦文化事業股份有限公司
　　　　　　　　台北市中山區民生東路二段141號8樓
　　　　　　　　電話：(02) 2500-7008　傳真：(02) 2502-7676
　　　　　　　　E-mail：ct_easybooks@hmg.com.tw
發　　　　　行／英屬蓋曼群島商家庭傳媒股份有限公司城邦分公司
　　　　　　　　台北市中山區民生東路二段141號11樓
　　　　　　　　書虫客服服務專線：(02) 2500-7718、2500-7719
　　　　　　　　服務時間：周一至周五上午09:30-12:00；下午13:30-17:00
　　　　　　　　24小時傳真服務：(02) 2500-1990、2500-1991
　　　　　　　　讀者服務信箱：service@readingclub.com.tw
　　　　　　　　劃撥帳號：19863813
　　　　　　　　戶名：書虫股份有限公司
香 港 發 行 所／城邦（香港）出版集團有限公司
　　　　　　　　香港灣仔駱克道193號東超商業中心1樓
　　　　　　　　電話：(852) 2508-6231　傳真：(852) 2578-9337
　　　　　　　　E-mail：hkcite@biznetvigator.com
馬 新 發 行 所／城邦（馬新）出版集團 [Cite (M) Sdn. Bhd.]
　　　　　　　　41, Jalan Radin Anum, Bandar Baru Sri Petaling,
　　　　　　　　57000 Kuala Lumpur, Malaysia
　　　　　　　　電話：(603) 9057-8822　傳真：(603) 9057-6622
　　　　　　　　E-mail：cite@cite.com.my

內　頁　插　畫／溫國群
封　面　插　畫／詹凱迪
美　術　編　輯／陳姿秀
封　面　構　成／簡至成
製　版　印　刷／卡樂彩色製版印刷有限公司

■2008年10月14日 初版
■2016年06月14日 修訂一版
■2020年05月19日 修訂二版

ISBN 978-986-480-117-6
定價 320 元　HK$ 107

城邦讀書花園
www.cite.com.tw